Peter Abel

Zuflucht und Stärke

Peter Abel

Zuflucht und Stärke

Mit der Bibel
neue Kraftquellen
entdecken

camıno.

1. Auflage 2019

Ein **camino.**-Buch aus der
© Verlag Katholisches Bibelwerk, Stuttgart, 2019
Alle Rechte vorbehalten.
Für die Texte der Einheitsübersetzung der Heiligen Schrift
vollständig durchgesehene und überarbeitete Ausgabe
© Katholische Bibelanstalt GmbH, Stuttgart 2016
Alle Rechte vorbehalten.

Umschlaggestaltung: Finken & Bumiller, Stuttgart
Satz: wunderlichundweigand, Schwäbisch Hall

Hersteller gemäß ProdSG:
Druck und Bindung:
Finidr s.r.o., Lípová 1965,
737 01 Český Těšín, Czech Republic
Verlag:
Verlag Katholisches Bibelwerk GmbH,
Silberburgstraße 121, 70176 Stuttgart

www.caminobuch.de
ISBN 978-3-96157-109-3
Auch als E-Book erhältlich unter ISBN 978-3-96157-968-6

Inhalt

Vorwort

Gott ist uns Zuflucht und Stärke,
als mächtig erfahren,
als Helfer in allen Nöten.
Darum fürchten wir uns nicht,
wenn die Erde auch wankt,
wenn Berge stürzen in die
Tiefe des Meeres ...

(Ps 46,2–3)

„Ein guter Engel ist mit mir", sagen mir manchmal Menschen, die ich in Krisen begleite. Ihnen kommen ganz bestimmte Personen in den Sinn, Helferinnen und Helfer, die in den Widerfahrnissen des Lebens für sie da sind. Sie sind Boten der Lebenskraft, sie holen den Himmel auf die Erde und öffnen den Blick nach oben. Der eingeschlagene Weg darf gut werden.

Eine der schönsten und kraftvollsten Engelsgeschichten der Bibel finde ich im Tobitbuch. Ich habe es – in schwierigen Zeiten – als ein Lebensbuch für mich selbst und als Seelsorger entdeckt. Glaube und Zuversicht sind hier eine Stütze in der Krise. Die Erfahrung des biblischen Menschen gibt mir Halt: Innerlich zerrissen, finde ich ein stärkendes Wort, meine Klage wird zum Gebet, meine innere Kraft kommt zum Zug. Mein Tun bekommt Sinn und ich bin nicht alleine. Resilienz, die innere Widerstandskraft, findet ihre Gestalt in meiner Zuflucht bei Gott und in neuer innerer Stärke in mir. Diese Kraftquellen auf dem manchmal mühevollen Weg will ich hier durch psychologische Hilfe, biblische Erfahrung und praktische Impulse für Ihre Lebenspraxis erschließen.

Peter Abel

I
Resilienz verstehen

Gut leben lernen

Die Tobit-Erzählung einmal anders

Die Umstände waren widrig. Trotzdem ging ich auf die Reise. Das Schicksal hatte meinem Vater übel mitgespielt. Er war enteignet, schwer krank geworden, meine Mutter hatte nur Hohn und Spott für ihn übrig. Das Letzte, was er noch hatte, war ein Vermögen – bei einem Freund deponiert. Das sollte ich holen.

Vater hat mir gute Worte und seinen Segen mit auf den Weg gegeben. Er gab mir auch eine Hilfe. Denn Gott sei Dank hatte ich einen fähigen Scout, alleine hätte ich die gefährliche Reise nicht geschafft. Als der Riesenfisch beim Baden nach mir schnappte, machte der mir Mut: „Pack an!" Und als ich mit einer Verwandten verheiratet werden sollte, die eine echte Bedrohung war, da hat er mir die Angst genommen. Er kannte den Trick, wie ich uns beide retten konnte.

Es ist gut gegangen: Wir sind wohlbehalten nach Hause zurückgekehrt. Ich bin glücklicher Ehemann. Mein Vater ist geheilt. Wir haben wieder Heimat, Sicherheit und Besitz. Ich bin glücklich.

Beim Aufräumen habe ich einige Notizen meines Vaters gefunden, die ich Ihnen, liebe Leserin und lieber Leser, nicht vorenthalten möchte (jeweils aus dem Buch Tobit):

> Mit meiner ganzen Seele gedachte ich meines Gottes. Und der Höchste gab mir Gunst und Ansehen. ... Ich tat für meine Volksgenossen viele Werke der Barmherzigkeit. Mein Brot gab ich den Hungernden und

Kleider den Nackten; und wann immer ich sah, dass jemand aus meinem Volk starb und hinter die Mauer … geworfen wurde, begrub ich ihn.

Aber jemand … ging hin und machte dem König Anzeige, dass ich sie begrabe. Da versteckte ich mich. Als ich bemerkte, dass der König über mich unterrichtet war und dass ich gesucht wurde, um getötet zu werden, bekam ich Angst und ergriff die Flucht. Alles, was ich besaß, wurde weggenommen. Nichts wurde mir gelassen.

Und es kam noch viel schlimmer. Er schreibt:

In derselben Nacht badete ich, ging in meinen Hof hinaus und legte mich an der Hofmauer zum Schlafen nieder; mein Gesicht war unverhüllt wegen der Hitze. Ich wusste aber nicht, dass Spatzen über mir in der Mauer waren. Ihr warmer Kot fiel mir in die Augen und führte zu weißen Flecken. Ich ging zu den Ärzten, um mich behandeln zu lassen, aber je mehr Arzneien sie mir darauf strichen, desto mehr erblindeten meine Augen an den weißen Flecken, bis sie ganz blind waren.

Da wurde ich in der Seele tieftraurig, ich seufzte, weinte und begann unter Seufzen zu beten: … Herr, befiehl, dass ich entlassen werde aus dieser Not! Entlass mich an den Ort der Ewigkeit! Wende dein Angesicht nicht von mir ab, Herr!

Beim Lesen frage ich mich: Wie fand er später den Weg aus der tiefen Traurigkeit zu neuem Lebensmut? Warum hat er nicht aufgegeben? Was ist geschehen, dass er heute sagt, alles sei gut?

Deutung der Tobit-Erzählung

„Die Kirchen lesen Tobit" hat der Kirchenlehrer Origenes gesagt und natürlich ist hier die Geschichte von Tobit und seinem Sohn Tobias gemeint, den glücklich gewordenen Unglücksraben, den Menschen, die Leid und Gefahr durchgemacht haben und dabei gut herausgekommen sind. Origenes war davon überzeugt, dass die Tobiterzählung uns einen Weg durch die Widerstände des Lebens in den Glauben hinein zeigt, und deswegen schätzte er diese Erzählung über Unglück und Glück, über Verunsicherung und Stärke, über die Einsamkeit der Seele und echte menschliche Hilfe, über elende Verarmung und neuen Wohlstand, von Krankheit und Heilung, Tod und Leben, eine Geschichte über die Not bringenden Widerfahrnisse und den Weg zum wahren Glück. Sie ist ein Lehrstück, wie man zum guten Leben finden kann, denn trotz der Gefährdung gibt Tobit seine Lebensüberzeugung nicht auf, dass Glaube und Barmherzigkeit unterm Strich zum Guten führen. So wurde das Buch nicht nur eine Anleitung zu einem guten Leben in Barmherzigkeit, sondern ist vor allem auch als ein aus dem Leben geschriebenes Buch zu verstehen, in dem sich die Not zum Guten wendet.

Doch zur Erzählung im Einzelnen: Das Volk Israel sollte sich im Exil mit anderen Völkern vermischen und auflösen. Tobit lebt im Exil und hält trotz seiner Not am Glauben der Väter fest. Er zeigt diesen Glauben praktisch und mit einem großen Herzen. Wie es sich gebietet, beerdigt er tote Landsleute. Er riskiert dabei Kopf und Kragen. Durch Verrat gerät er in Not und muss fliehen. Er verliert sein Augenlicht und verarmt – wirtschaftlich, menschlich, sozial. Das Elend überfällt ihn bis zur Todessehnsucht und er gibt trotzdem nicht auf.

Zeitgleich hören wir von Sara, der Tochter des Raguel, die im fernen Medien von einem bösen Geist befallen ist. Sieben

Mal sollte sie schon heiraten, doch kein Bräutigam hatte bisher die Hochzeitsnacht überlebt. Auch sie ist unglücklich und möchte vor Verzweiflung sterben. Die Leser wissen schon frühzeitig (Tob 3,16), dass die Geschichte gut ausgehen wird. Hier kommt Tobias, der Sohn des Tobit, ins Spiel, der den Weg der Heilung und Erlösung heldenhaft gehen muss.

Tobit schickt seinen Sohn Tobias zusammen mit einem Helfer, dem Engel Rafael, und einem Hund auf die Reise, die bald zur gefährlichen Lebensreise wird. Tobias wird bei einer Rast von einem Fisch angefallen und weicht dem lebensbedrohenden Kampf nicht aus. Unterwegs bei seinem Verwandten Raguel angekommen, wird ihm Sara als Braut in Aussicht gestellt, die Frau, die vom bösen Geist befallen ist. Dieser Geist tötet alle Männer, die sie liebt. Tobias setzt sich dem Schrecken der Nacht aus, lässt sich von Rafael helfen und wird dabei zum Mann, der von innen heraus neue Lebenskraft findet. Der böse Dämon wird in den hintersten Winkel der Welt vertrieben. Es wird Hochzeit gefeiert. Rafael besorgt den deponierten Schatz. Der Rückweg nach der glücklichen Hochzeit ist der eines erwachsen gewordenen Mannes: Tobias wehrt sich gegen die Wünsche seines Schwiegervaters, länger zu bleiben, und bestimmt den Zeitpunkt des Aufbruchs selbst. Zu Hause angekommen sorgt er für die Heilung des Vaters, indem er ihm die Innereien des Fisches als Salbe auf die Augen legt. Er ordnet den Besitzstand und trifft Vorkehrungen für die Zukunft. Alle leben in Glück und Sicherheit. Am Ende steht Tobits großer Dank über die gelungene Rettung.

Als Lesendem wird mir deutlich, dass Tobits und Tobias' Namen als Versprechen eingelöst sind: Tobi-Iahu, Gott ist gut.

Tobit lesen

Nehmen Sie sich Zeit, eine Bibel zur Hand und lesen Sie die Geschichte von Tobias und Tobit an einem Stück – als eine spannende Abenteuergeschichte, als zauberhaftes Märchen, als ein Buch voller Lebensweisheiten, als einen Weg durch Lebenskrisen, als Zeugnis des Glaubens. ✍

Die gegenwärtige Auslegung liest die Geschichte in unterschiedlichen Perspektiven, zum Beispiel als romanhafte Lehrerzählung, in der Tobit an Gottes Weisung festhält und diese Weisung mit einem großen Herzen lebt, oder als einen abenteuerlichen Heldenroman, in dem Tobias sich auf den Weg macht und dabei zum Mann wird, mit allen Motiven, die so eine Heldengeschichte mit sich bringt: dem Ruf und dem Zögern, dem Schutz und der Begleitung durch übernatürliche Hilfe, der ersten Bewährung und weiteren Prüfungen, der Begegnung mit der gefährlichen Frau, dem Sieg über das Böse, der Versöhnung mit dem Vater, der Rückkehr in die Heimat und in ein neues Leben.

Tobit und Tobias geraten in Not. Doch beiden gelingt immer wieder der Weg zum Guten. So spiegelt die Erzählung die ganze menschliche Existenz wieder. Wir können auch die verschiedenen Akteure als Teile unseres eigenen Lebens sehen: natürlich den Engel, der uns begleitet, den bösen Dämon, der uns das Leben nimmt, den Menschen, der einen Schatz für uns bereit hält, die Eheleute und ihre Kinder, die in unterschiedlicher Weise mit Lebensstress umgehen, den Hund, der als treuer Freund vor dem Bösen schützt und zeigt, wo es hingeht.

Eine positive Lebenshaltung

Für Tobit und Tobias gilt: Gott geht mit dem, der ihm vertraut, bis zum guten Ende. Die Not ist verwandelt. Am Ende des Weges steht ein Loblied Tobits, sein großer Dank. Tobit weiß sich geborgen, weil Gott wieder in sein Leben eingekehrt ist. Gottes Plan, der zunächst unverständlich scheint, erweist sich als gut. Deswegen ist Tobit aus dem Tiefsten seines Herzens Gott dankbar. In seinem Herzen geschieht Entscheidendes, die Hinwendung zu Gott:

> Wenn ihr euch ihm zuwendet mit eurem ganzen Herzen und mit eurer ganzen Seele (Lebenskraft) vor ihm die Wahrheit tut, dann wird er sich euch zuwenden und sein Angesicht vor euch nicht verbergen. (Tob 13,6)

Möglich wird ihm diese Erfahrung, wie das Leben gelingen kann, durch eine doppelte Umkehr: Wenn der Mensch sich ganz, mit Herz und Seele Gott zuwendet, dann wird Gott auch seine Güte und Barmherzigkeit zeigen, dann offenbart Gott seinen Segen und zeigt sein Gesicht. Dann ist Gott nah. Tobits Hoffnung auf ein Zuhause, auf Frieden und Geborgenheit, seine Zuversicht, dass Gott und Mensch zueinanderfinden, hat sich erfüllt. Deswegen ist das Leben gut.

Mit Herz und Seele

Tobit und Tobias sind für mich Stehaufmenschen, die darauf vertrauen, dass Gott das Leben zum Guten lenkt. Sie trotzen der Not. Während Tobit der Herztyp ist und durch Barmherzigkeit zu seinem wahren Leben kommt, ist Tobias ein Wegmensch: Er ist unterwegs und lässt sich auf die Gefahren ein.

Er kämpft und findet darin zu neuer Lebensenergie. Tobias geht dabei seinen persönlichen Entwicklungsweg, im Leben und im Glauben: Anfangs vertraut er der vorgegebenen Ordnung, fest zu Gott zu stehen und den Glauben der Väter anzunehmen. Sein Vater hat ihm die Gebote beigebracht, die große Weisung, Gott mit Herz und Seele zu lieben und Gutes zu tun (Dtn 6,5), aber auch praktische Lebensweisungen zum Almosengeben, zum wahrhaften Leben, zur Gerechtigkeit und Barmherzigkeit. Auch er folgt dem Lebensstil seines Vaters. Doch was ist, wenn der Glaube bedroht ist und es Gott gar nicht so gut meint? Was ist, wenn die Lebensweisung, die der Vater mitgegeben hat, gar nicht mehr stimmig ist, weil der Gerechte leidet? Was ist, wenn das Herz schwer ist und die Zukunft düster?

Tobias macht sich auf den Weg – im Wissen um Angst, Gefahr und mögliche Vernichtung. Denn es geht um Leben und Tod, um den Kampf der inneren Seelenkräfte. Er vertraut. Diesen Weg kann er nur durch die Solidarität des Engels und dessen Begleitung gehen. Der Engel erweist sich als Helfer, als Himmelsöffner und praktischer Ratgeber zugleich. In der Gefahr stellt sich heraus, ob die Lebensordnung wirkliche Orientierung ist. Tobias reift. Er wird zum Mann, bereit, die Ehe als Liebesbeziehung anzunehmen. Dort, wo diese Beziehung durch dämonische Kräfte gefährdet ist, geht er die Bedrohung beherzt an. Am Ende ist es gut: Wohlstand und Glück ziehen in das Leben des Tobias und seiner Familie ein. Tobias folgt seiner Lebenskraft.

Aus dem Herzen leben wie Tobit und Lebensenergie wie Tobias zu finden, sind für mich die Schlüssel zum Neuanfang. Beide kommen zu neuem Leben: Sie können ihre Realität annehmen, Anfeindungen gelassen ertragen, sie verharren nicht in der aussichtslosen Situation. Sie nehmen ihre Ohnmacht an und setzen gleichzeitig darauf, dass Schicksalsschläge keine endgültige Niederlage sind. Immer wieder nehmen sie sich Zeit für sich selbst und prüfen ihre Möglichkeiten. Das Lebenshindernis wird für sie zum Anreiz für Kreativität und neuen Mut. Sie strahlen Zuversicht und tiefen Optimismus aus. Sie engagieren sich. Ihre Aufgaben können sie verantwortungsvoll und verlässlich angehen, weil sie im Tiefsten an das Gute glauben. Sie bauen durch Wertschätzung und Vertrauen neue Beziehungen auf. Mit diesen inneren Haltungen haben sie ihre Strategien entwickelt: aufmerksam hinschauen und hören, konstruktive Beziehungen ergreifen und nutzen, zuversichtlich anpacken, dankbar sein für die Kraft, die zum Leben trägt. Ihr Leben hat einen Zielpunkt: dass es mir gut geht (Tob 14,9a G[I]).

Heute beschreiben wir diese Erfahrung, unter schwierigen Umständen zum Guten zu gelangen und dabei als Person zu wachsen, als Resilienz. Was macht diese Fähigkeit aus, dass sie Menschen hilft, trotz widriger Lebensumstände aufzustehen und zu neuer Lebenskraft zu finden?

Die resiliente Lebenshaltung

Resilienz, das „Gedeihen trotz widriger Umstände" (Rosmarie Welter-Enderlin), ist zum Zauberwort geworden. Und doch steckt eine existenzielle Erfahrung dahinter. Warum entwickeln sich manche Menschen trotz schwieriger Bedingungen zu psychisch gesunden Menschen? Warum traut man Kindern innere Stärke zu? Was sind die Ursachen und Gründe dafür, dass Menschen in einer schweren Krise wie einer lebensbedrohlichen Krankheit nicht aufgeben, sondern wieder Boden unter den Füßen bekommen und daran reifen? Wie kann ein Mensch im Widerstand innere Stärke beweisen, mit Krisen und Schwierigkeiten angemessen umgehen und darin als Person wachsen?

Resilienz kommt ursprünglich aus der Materialkunde und beschreibt die Strapazierfähigkeit, Elastizität und Spannkraft eines Materials. Ein Werkstück kommt nach einer äußeren Belastung wieder in die ursprüngliche Form zurück, ohne zu ermüden. Schon diese Erklärung macht uns auf Aspekte aufmerksam, wie wir uns einen Menschen mit Widerstandskraft vorstellen können. Er ist strapazierfähig und kann Widrigkeiten aushalten, hat (innere) Spannkraft und weiß um seine Ressourcen und er hat die Fähigkeit zur Elastizität, sich den gegebenen Umständen anzupassen und zur Stabilität zurückzufinden. Psychologisch meint Resilienz daher die inneren Kräfte, die uns im Rückgriff auf sozial und persönlich vermittelte Ressourcen ermöglichen, Krisen und Schwierigkeiten im Leben nicht nur zu überwinden, sondern gestärkt daraus hervorzugehen. Resilienz ist Teil des Immunsystems unserer Seele und wie wir unsere körperlichen Abwehrkräfte stärken können, so können wir dies auch mit den Kräften unserer Seele tun.

Resilienz, die innere Widerstandskraft, aus Widerfahrnissen gestärkt hervorzugehen

Diese erste Beschreibung führt uns zu einer Reihe von Fragestellungen, die ich in der Folge vertiefen werde:

Resilienz ist Widerstandskraft und Stärke von innen. Resiliente Menschen können negative Erfahrungen in positive ummünzen, sprichwörtlich das halbvolle anstatt das halbleere Glas sehen. Sie schauen mit einer offenen Haltung nach vorne. Sie fühlen sich einem sinnvollen Leben verpflichtet, handeln bis in extreme Lebenssituationen hinein aus einem Gefühl innerer Stimmigkeit. Trotz mancher Enttäuschung können sie wichtigen Bezugspersonen vertrauen und den Menschen aus ihrer Umgebung mit Achtung und Wertschätzung begegnen. So sind es drei Haltungen, die ihnen diese innere Kraft geben: ein offenes Bewusstsein, ein realistischer Optimismus und eine von Annahme und Wertschätzung getragene Kompetenz zu unterstützenden Beziehungen.

Resilienz hat ihren Ausgangspunkt in widrigen Lebensumständen. Es gibt Risikofaktoren im Lebenslauf und in der Lebensumgebung. Krisen und einschneidende Veränderungen kündigen sich oft leise an: Wenn man gedanklich nicht mehr loslassen kann und das Gedankenkarussell nur noch um ein Thema kreist, wenn körperliche Signale wie Schlafstörungen oder innere Unruhe auftreten, wenn die negativen Gefühle überhand nehmen und Unsicherheit wie auch Angst ein ständiger Begleiter ist, dann sind die Anzeichen der Krise nicht mehr zu leugnen. Ein Veränderungsprozess steht an.

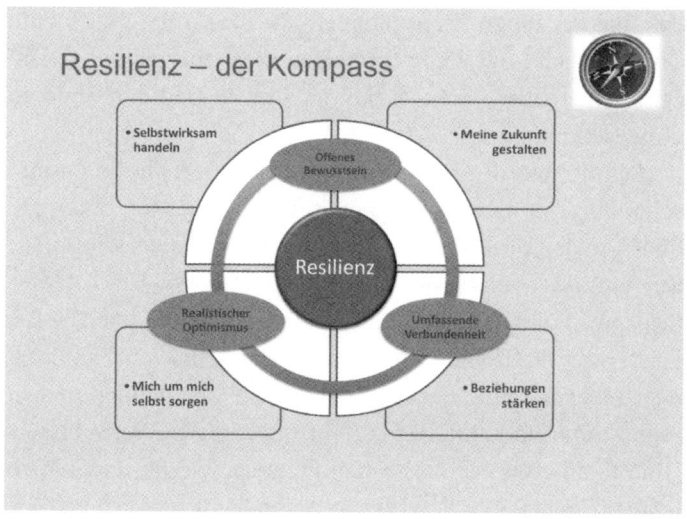

Resilienz – der Kompass

- Selbstwirksam handeln
- Offenes Bewusstsein
- Meine Zukunft gestalten
- Realistischer Optimismus
- Resilienz
- Umfassende Verbundenheit
- Mich um mich selbst sorgen
- Beziehungen stärken

Den Risikofaktoren stehen Schutzfaktoren gegenüber: Neben den genannten drei inneren Haltungen des offenen Bewusstseins, des Optimismus und der Wertschätzung werden vier weitere Schutzfaktoren immer wieder benannt, die Fähigkeiten eines resilienten Menschen ausmachen: Selbstwirksamkeit, Zukunftsgestaltung, soziale Unterstützung und Selbstsorge. Diese Faktoren bilden zusammen einen inneren Kompass der Widerstandskraft.

Wir können schwierige Situationen nicht nur bewältigen, sondern an ihnen wachsen und als Persönlichkeit reifen. Resiliente Menschen glauben an Erholung, auch nach langen Phasen der intensiven Belastung. Sie ertragen schwierige Lebenssituationen nicht passiv, sondern gehen ihre Probleme aktiv an. Sie können mit verschiedenen Strategien reagieren: sich einer Situation anpassen, sie aktiv bewältigen, sie als Prozess inneren Wachstums verstehen. Als Ziel steht für sie das Bild der reifen Persönlichkeit, die eine innere Kraft zum Guten in sich trägt, fähig zur Selbsterkenntnis ist und gleichzeitig ein realistisches Verhältnis zu sich und den anderen entwickeln kann.

„Schule feiern", nennt Katharina, eine erfahrene Grundschullehrerin, ihre innere Stärke. In solchen Momenten gelingt ihr der Unterricht auf eine herausragende Weise: Die Kinder sind lebendig und voller Neugier dabei. Die Zeit verfliegt, weil alle dabei sind und sich aktiv beteiligen. Die Begeisterung füreinander und für das Thema ist spürbar. Es ist ein Glücksmoment, der über den grauen Schulalltag hinausragt. Katharina kann diese Erfahrung kaum in Worte fassen: „Hier fließt etwas. Ich sehe die Kinder so, wie sie sind. Ich erlebe uns in einem Raum, der weit und dicht zugleich ist." Ich frage sie, was sie erlebt, und sie antwortet: „Ich bin dann mit dem Herzen dabei. Mein Selbstvertrauen wächst. Ich habe Lust und Fantasie. Es ist eine natürliche Kraft in meiner Stimme. Ich bin einfach voller Energie. Kennen Sie das auch?" Ich kenne sie, diese innere Stärke, sage ich zu mir selbst.

Resiliente Personen haben innere Kraftquellen. Die Ressourcen, die sie nutzen, liegen einerseits in der Person und können andererseits sozial vermittelt sein. Die Fähigkeit zur inneren Stärke kann weiterentwickelt werden. Resiliente Menschen können im Prozess der Bewältigung und Veränderung eine Vielzahl von Strategien entwickeln, um zu größerer Gelassenheit und zu innerer Ruhe zu kommen, um zielorientiert zu handeln, um lösungsorientiert Probleme anzugehen und um soziale Unterstützung zu suchen. Wir können uns diese Strategien bewusstmachen und Instrumente einüben, um unsere innere Widerstandskraft zu stärken.

Resiliente Menschen sind davon überzeugt, dass ihr Handeln Sinn hat. Die Resilienzforschung stellte sich daher von

Anfang an die Frage, ob Glaube und Spiritualität eine Ressource in widrigen Lebensumständen ist. Hilft Glaube?

Kommen wir zur Tobiaserzählung zurück, um unserer eigenen Resilienz auf die Spur zu kommen, dieses Mal mit Hilfe einer Federzeichnung Rembrandts. „Ein guter Engel begleitet dich." (vgl. Tob 5,22) – auf diesen Zuspruch nimmt Rembrandt Bezug.

Schon die Bildkomposition zeigt uns die innere Situation der beiden Wanderer: Während die Umgebung flüchtig skizziert ist, ist die Bildmitte mit der Begegnung der beiden sorgfältig ausgeführt. Der schwere Fels oder Baumstamm am unteren rechten und linken Bildrand, der Wald und die schwere Kleidung Tobias' – Hut, Mantel, Stiefel und Gepäck schützen ihn – deuten schon an: Dieser Weg ist gefährlich! Beide Reisegefährten haben einen Stock als Halt dabei, der des Tobias hat sogar eine Spitze, ist nicht nur Halt, sondern Waffe. Tobias, die Hand des Engels und das rennende Hündchen sind nach vorne gerichtet, auf ein offenes Ziel zu. Der Stock des Engels weist wie die Flügel nach hinten und ist ein sicherer Schutz. In der Mitte der Wanderschaft steht die lebendige Beziehung: Beide schauen sich an und sind in das Gespräch vertieft. Die horizontale Bildmitte trifft die Herzhöhe beider.

 Ein guter Engel begleitet dich
(Tob 5,22)

Ich nehme mir Zeit zur vertieften Betrachtung und lasse das Bild auf mich wirken. Welchen Risikofaktoren des Lebens bin ich ausgesetzt? Solche Risikofaktoren können sein:

- Äußere Lebensumstände wie finanzielle Belastungen, ein schwieriger gesellschaftlicher Status oder eine gesundheitsgefährdende Umgebung
- Gefährdungen und Krisen im Lebenslauf wie zum Beispiel der Übergang in ein neues Lebensalter oder eine psychische Belastung
- Kritische Lebensereignisse wie schwere Krankheiten, Unfälle oder Katastrophen, ein Wegzug aus der vertrauten Umgebung oder der Verlust eines vertrauten Menschen
- Schwerer Beziehungsstress wie eine Partnerkrise, Trennung oder Tod eines nahestehenden Menschen
- Stress und Belastungen in der Arbeit wie Konflikte mit Kolleginnen und Kollegen, fehlende Kontrolle, sinnloses

Tun und fehlende Werte, Arbeitsplatzunsicherheit, schlechte Arbeitsbedingungen oder ein Ungleichgewicht von Arbeitsbelastung und Privatleben

Wer sind die guten Engel, die mich begleiten? Das können Menschen sein, die mir nahestehen, Weggefährtinnen und Weggefährten, Ratgeber und praktische Helfer. ❧

Schutzfaktoren I – Grundhaltungen innerer Stärke

„Lange lief es gut mit mir", erzählt mir Thomas K., den ich begleite. „Ich hatte eine glückliche Kindheit und immer gute Freunde. Meine Eltern gaben mir ein Zuhause und förderten mich durch Sport, Hobbies, auch Reisen. Ich habe an einer angesehenen Universität Betriebswirtschaft studiert. Heute bin ich glücklich verheiratet, wir freuen uns über unsere beiden Kinder. Direkt nach dem Studium startete ich bei einem deutschen Traditionsunternehmen. Sie haben sicherlich auch eines unserer Produkte zu Hause. Die Jobgarantie war praktisch mitgegeben. Seit fast zwanzig Jahren gehöre ich jetzt als leitender Angestellter zum Unternehmen, leite erfolgreich ein Team, verantworte ein ordentliches Budget und kann eine ganze Reihe von guten Projekten vorweisen – vor zwei Jahren wurden wir sogar von der Unternehmensleitung ausgezeichnet. Ich werde geschätzt..." Doch unsicher fügt er hinzu: „Aber ich kann nicht sagen, ob am kommenden Montag, wenn ich vom Urlaub zurückkehre, mein Schreibtisch noch da ist. Vor zwei Jahren hat uns ein Investor gekauft. Ihn interessieren Unternehmenstradition und nachhaltige Wertschöpfung nicht, für ihn zählen Quartalszahlen und Profitmaximierung. Seit Monaten habe ich Angst um meinen Arbeitsplatz. Für ihn sind wir immer zu schlecht. Wenn die Revision im Haus ist, bin ich immer eingeschüchtert. Ich weiß nicht, ob ich das durchhalte."

Wir sprechen über sein Erleben, seine diffusen Ängste und Unsicherheiten, sein Gefühl, dass er seine Arbeit nicht richtig macht, seine Scham der Familie gegenüber, vielleicht bald nicht mehr der Haupternährer zu sein.

„Anfangs haben mich diese Gefühle gelähmt. Bisher musste ich mir ja keine Zukunftssorgen machen. Doch dann habe ich mich auf meine Stärken besonnen: Ich bin sehr gut organisiert, vernetzt und kann Menschen führen." Im vertiefenden Gespräch wird deutlich: Er steckt den Kopf nicht in den Sand, er schaut zuversichtlich nach vorne. Seine Frau ist ihm eine Stütze. Zusammen haben beide verschiedene Chancen ausgelotet: Aktuell ist da ein ehrenamtliches Engagement, das ihm das Selbstbewusstsein stärkt, sie haben einen Jobwechsel durchgespielt, die Arbeit als Freiberuflicher erörtert und die Rückkehr der Frau in das volle Erwerbsleben in den Blick genommen. Er nutzt sein berufliches Netzwerk, um Kontakte zu anderen Unternehmen, die seiner Wertorientierung entsprechen, zu vertiefen. Seine Arbeitssituation ist schwierig, aber keine bedrohliche Niederlage.

Vielleicht sind Sie selbst in einer Phase der Veränderung. Vielleicht stehen Sie selbst vor dem inneren Wendepunkt und spüren die Spannung, ob Sie weitermachen oder sich verändern wollen. Sie fragen sich, wie Sie sich auf Ihre innere Stärke besinnen können. Sie suchen nach Ihren Kraftquellen.

Meine Kraftquellen finden

Kraftquellen, das sind Menschen und Orte, stützende Alltagsgewohnheiten und herausragendes Engagement, tragende Beziehungen und Mut machende Menschen, das sind vor allem aber auch die eigenen inneren Stärken. Meine Fähigkeiten und Kompetenzen können eine Kraftquelle sein, wenn ich zum Beispiel initiativ bin und Neues wage, meine Verantwortung für einen Menschen wahrnehme oder auch, wenn ich beherzt anpacke und handle. Kraftquelle ist für mich, wenn mir meine Arbeit Freude bereitet und Sinn vermittelt. Kraftquellen erschließe ich mir, wenn ich meine Fähigkeiten entdecke und diese dankbar als meine Stärken annehmen kann. Ich achte auf mich selbst, auf meine Gefühle und meine Entschlossenheit, mein inneres Erleben und auf die Energie in meinem Engagement. Kraftquellen habe ich, wenn ich innere Bilder finde und mich orientieren kann.

Auch das Tobitbuch kann solch eine innere Orientierung bieten.

 Veränderung von innen heraus wagen –
eine biblische Übung mit dem Tobitbuch

Für die folgende Übung suche ich mir eine Person meines Vertrauens, die mir für ein bis zwei Stunden Gesprächspartner sein kann.

1.) Ausgangspunkt ist eine Situation in meinem derzeitigen Leben, an der ich arbeiten möchte und die ich verändern möchte. Ich vergegenwärtige diese Situation vor meinem inneren Auge. Wie erlebe ich diese? Wo spüre ich innere Energie, mich zu verändern?

2.) Wir nutzen die Geschichte des Tobias, denn diese ist voller starker Bilder und positiver Geschehnisse. Sie erzählt vom ganzen Leben und seinen Veränderungen:

– Tobias wird von seinem Vater dazu gerufen, eine große Reise anzutreten (Tob 4,1–3a.20f; Tob 5,1)

– Tobias bekommt Lebensorientierung mit auf dem Weg (Tob 4,3b–19)

– Tobias bricht mit seinem Gefährten auf. Mit der Hilfe Rafaels kämpft er mit dem Fisch (Tob 6,1–9)

– Tobias besiegt den Dämon (Tob 8,2–9)

- Tobias heiratet glücklich (Tob 9,19–21)
- Tobias kehrt auf eigene Initiative heim (Tob 10,8–12)
- Tobias heilt seinen Vater und ist glücklich zu Hause
  (Tob 11,7–13)

Welche dieser Erzählungen spricht mich am meisten an? Bei meiner Wahl lasse ich mich weniger vom Verstand lenken, sondern intuitiv, von innen her.

3.) Ich meditiere den ausgewählten Text.

4.) Ich komme mit meinem Partner ins Gespräch:

5.) Ich lese ihm die Geschichte vor. Mein Gegenüber hört aufmerksam zu.

6.) Mein Gegenüber erzählt seine persönliche Reaktion auf die Geschichte: Ideen, Einfälle, Gefühle und Stimmungen. Ich höre wertschätzend zu, achte auf meinen Körper, auf Gefühle und Stimmungen in mir.

7.) Dabei notiere ich mir Aussagen, die für mich bedeutsam sind und in mir etwas zum Schwingen bringen.

8.) In meinen Notizen markiere ich die Schlüsselwörter und Bilder, die mich am stärksten positiv berühren. Mit diesen Schlüsselwörtern formuliere ich mir ein Motto, das für mich bedeutsam ist: positiv, bildhaft, in kurzen Sätzen, von mir realisierbar. Ich tue das in Ruhe.

9.) Dieses Motto bespreche ich mit meinem Gegenüber. Welche Bedeutung gewinnt dieses Motto für meine Ausgangssituation? Wo spüre ich eine starke innere Kraft, mich zu verändern? Was passiert, wenn ich mein Motto umsetze? Welcher Handlungsimpuls kommt mir?

Welcher Handlungsimpuls kommt mir? Ich kann mir dieses Motto zu Hause an die Wand pinnen und es wird mich an meinen Veränderungsimpuls erinnern. ✑

Ich bin getragen und kann von innen heraus Stärke entwickeln. Die Resilienzforschung hat herausgearbeitet, dass wir in den widrigen Umständen uns nicht nur unserer Risikofaktoren bewusst werden sollten, sondern auch Schutzfaktoren in uns aufbauen, entwickeln und stärken können. Schutzfaktoren sind zunächst die schon erwähnten Haltungen des realistischen Optimismus, des offenen Bewusstseins und der wertschätzenden Annahme von Beziehungen.

Realistischer Optimismus

Optimisten schauen zuversichtlich nach vorne. Es zeichnet sie eine positive Grundeinstellung zum Leben aus. Auch schwierige Lebenssituationen tragen die Möglichkeit in sich, zu wachsen. Es bringt nichts, im Unabänderlichen zu verharren und nur Schwarz zu sehen. Ich kann frei entscheiden, ob ich die positiven oder die negativen Aspekte einer schwierigen Erfahrung betone. Optimisten nehmen ihr Leben in die Hand, sie ergreifen die Möglichkeiten des Lebens, während Pessimisten darauf warten, dass für sie gesorgt wird, und sich wenig Einfluss auf ihr Leben zutrauen. Optimisten schreiben den Erfolg eher sich selbst zu und Misserfolge eher den widrigen Umständen. Sie gestalten ihr Leben und bleiben trotz eines Misserfolges auf das Ganze hin ausgerichtet. Pessimisten handeln genau umgekehrt.

„Optimisten leben länger", sagen wir und die psychologische Forschung bestätigt, dass sie darüber hinaus glücklicher, zufriedener und erfolgreicher sind. Sie erholen sich rascher von schlechten Lebensereignissen und Rückschlägen. Positive Erfahrungen geben ihnen Rückenwind. Sie loten ihre Chancen aus, probieren aus und riskieren auch Fehler. Sie glauben an sich und ihre Stärken.

Echte Optimisten sind realistisch. Sie nehmen die Wirklichkeit als solche wahr. Sie glauben an eine gute Zukunft, die jetzt schon angegangen werden kann und verdrängen die Schwierigkeiten nicht. Sie prüfen ihre innere Einstellung: Angst darf sein, wird einen aber nicht überwältigen. Negative Gefühle, inneres Chaos, Gedankenkarusselle können in der Bedrohung aufkommen. Man kann sich aber mit ihnen aktiv auseinandersetzen. Man kann ihnen einen Grübelstopp entgegensetzen und auf die Kraft positiver Gedanken und Emotionen vertrauen.

Wie fühle ich mich in der jetzigen Lage? Eher hoffnungsvoll oder angstbesetzt, lustvoll-lebendig oder müde?

Welche positiven Emotionen trage ich in mir? Hoffnung, Erwartung, Liebe, Freundlichkeit, Wertschätzung, Lust, Annahme, Achtung, Aufmerksamkeit, Humor, Leichtigkeit, Offenheit, Neugier, Glück, Dankbarkeit, Freude? Welche negativen? Angst, Unlust, Ärger, Trauer? Spüre ich etwas von der Energie, die auch in negativen Emotionen steckt? Wie sieht meine Energiebilanz aus? Aus dieser Option, meinen positiven Emotionen als inneren Kraftverstärkern zu trauen, ergeben sich innere Merksätze.

1.) Achten Sie auf Ihr Körperempfinden! Meine innere Haltung drückt sich auch durch meine Körperhaltung aus: Gehe ich aufrecht oder bin ich in mich zusammengesunken? Welche Spannung trage ich in mir?
2.) Lassen Sie sich nicht von Ihren negativen Gedanken auffressen. Negative Gefühle wie Wut, Trauer, Angst oder

Sorge überwältigen einen leicht; ich gerate außer Kontrolle und in eine Abwärtsspirale. Gibt es wirklich einen Beweis für mein negatives inneres Gefühl? Gibt es jetzt auch weniger destruktive Möglichkeiten, die Dinge zu betrachten? Wo kann ich den Wind aus den Segeln nehmen und meine destruktive Betrachtungsweise ändern? Welche Energie gewinne ich, wenn ich eine positive Haltung einnehme?

3.) Achten Sie auf Ihre positiven und guten Gefühle und stärken Sie sie. Ich kann eine wohlwollende Haltung mir gegenüber einnehmen, mich darauf besinnen, was an Gutem in meinem Leben passiert, und mit Dankbarkeit, Interesse, Mitgefühl, Heiterkeit, Staunen, Freude, Liebe ... auf meine Lebenssituation schauen. Ich kann eine Bilanz meiner Gefühle und Emotionen aufstellen und dort, wo die starken und positiven Gefühle überwiegen, Veränderung wagen.

4.) Fördern Sie eine positive Lebenseinstellung und besinnen Sie sich auf Ihre inneren Stärken! Kennen Sie Chancenfinder? Ich habe auf jeden Fall einige in meiner Umgebung, Menschen, die auch aus einer vertrackten Situation noch etwas Gutes herausholen können. Sie leben eine wesentliche Stärke der Resilienz: Schwierigkeiten sind für Sie Herausforderungen!

Was Optimisten tun und Pessimisten vermeiden, wird uns auch in der Tobitgeschichte erzählt, als die beiden Eltern ihren Sohn Tobias verabschieden.

Tobit und Hanna – eine Bibelarbeit
zu meiner inneren Haltung

Tobias ging hinaus, um sich auf seinen Weg zu machen. Er küsste seinen Vater und seine Mutter und Tobit sagte ihm: Gehe wohlbehalten!

Seine Mutter aber begann zu weinen und sprach zu Tobit: Warum hast du mein Kind weggeschickt? Ist er nicht der Stab in unserer Hand und geht vor uns ein und aus? Geld braucht nicht zu unserem Geld hinzuzukommen. Was uns vom Herrn gegeben wird, ist genug. Er sagte zu ihr: Mach dir keine Sorge! Unser Kind bricht wohlbehalten auf und wird wohlbehalten zu uns zurückkommen. Deine Augen werden unseren Sohn sehen an dem Tag, an dem er wohlbehalten zu dir zurückkommt. Mach dir keine Sorgen, fürchte nicht um sie beide, Schwester! Denn ein guter Engel wird mit ihm gehen. Er wird gut auf seinem Weg geführt werden und wohlbehalten zurückkehren.

Da hörte sie auf zu weinen. (Tob 5,17c–23)

Ich gehe nochmals zu der Veränderung zurück, die mich bewegt, spüre den Unsicherheiten und Herausforderungen nach. Was würde Tobias' Mutter Hanna zu mir sagen? Was würde Tobit sagen?

Ich schreibe auf, was beide sagen, und stelle beide Meinungen einander gegenüber. Tobit und Hanna sind auch Stimmen in meinem Inneren. Welches Wort spricht mich an? Welches Wort gibt mir Trost? ✍

Ein offenes Bewusstsein

Resiliente Menschen sind nicht nur Optimisten, sie nehmen auch ein offenes Bewusstsein als innere Haltung ein. Ein offenes Bewusstsein meint die Fähigkeit, sowohl nach innen als auch auf die Umwelt zu schauen und dabei eine offene Lernhaltung einzunehmen. Menschen mit einem offenen Bewusstsein begegnen ihrer inneren und äußeren Wirklichkeit mit einer positiven Neugier. Entscheidend ist ihre Offenheit.

Diese Menschen haben ein Gespür für sich selbst. Wir können in Verbindung zu uns selbst stehen, zu unseren Gedanken und Gefühlen, Erinnerungen und Wünschen, Haltungen und Handlungen. Wir sind fähig, nach innen zu schauen und in einer offenen Aufmerksamkeit wahrzunehmen, was uns in unserem Geist bewegt. Wir haben die Fähigkeit der Beziehung zu uns selbst und können so unser Inneres erfahren. Wir stehen mit unserem Selbst in Verbindung, konzentriert und aufmerksam für die inneren Abläufe in uns selbst: Gedanken, Gefühle, Stimmungen, innere Bewegungen. Wir sind fähig, uns für das Unbewusste zu öffnen. Gleichzeitig können wir unsere Aufmerksamkeit nach außen richten. Die Psychologie beschreibt diese Aufmerksamkeit als Wachsamkeit, als eine breite, schwebende Aufmerksamkeit, mit der wir unsere inneren Bedürfnisse wahrnehmen und für unsere Umwelt offen sind. Wir finden zu einer offenen Haltung unserer Umgebung gegenüber, nehmen Impulse von außen auf und setzen sie mit unseren inneren Bedürfnissen in Beziehung. In der Beziehung zu anderen Menschen können wir beispielsweise die Kommunikation offenhalten und gleichzeitig auf unsere innere Stimme hören. Das Bewusstsein ist energiegeladen und offen, neue Erfahrungen auf sich selbst zu beziehen. Unser Bewusstsein ist auf diese Weise ein „innerer Schutzengel" (Julius Kuhl), der unser inneres Gleichgewicht und Bewusstsein auf das Neue hin stärkt. Verschiedene Seiten unseres Selbst können zu einem Ganzen integriert werden: Körpererfahrungen und geistige Bedürfnisse, unser Wunsch nach sozialen Beziehungen und der Wunsch nach sinnvoller Arbeit, unsere Sehnsucht nach Freude und die nach Sinn. Wir fühlen uns wohl. Es geht uns gut. Unser Wohlbefinden wird gestärkt.

„Anfangs war ich ziemlich durcheinander", erzählt mir Thomas K. „Ich habe nicht mehr die Blumen im Garten gesehen, sondern nur noch die viele Arbeit dort. Ich war unter Druck. Heute ist mein Leben bunter und tiefer. Es hat ja viele andere Seiten. Ich habe mich ehrlich gefragt, was ich wirklich tun möchte und was ich erreichen möchte mit meiner Arbeit. Dabei habe ich festgestellt, dass meine Arbeit Sinn macht, weil ich mit Menschen arbeite… Vielleicht sollte ich ganz umsatteln und mein Wissen an andere weitergeben. Mein Leben besteht heute nicht nur aus einem Problem – dem Übermaß an Arbeit –, es gibt vielmehr verschiedene Lösungen, die mir mehr Tiefe geben könnten."

Thomas K. hat eine innere Entwicklung vollzogen: Er ist nicht mehr auf das Problem fixiert, sondern schaut auf die Lösungen. Entscheidend für einen lösungsorientierten Ansatz ist, dass ich offen bin: Fragen stelle, Chancen in Herausforderungen entdecke, dass ich lerne und aktiv nach neuen Wegen suche. In dieser Offenheit kann ich mir die folgenden Fragen stellen:

- Was ist? Will ich diese Herausforderung annehmen?
- Was sind meine Interessen, Bedürfnisse und Wünsche?
- Welche Ideen habe ich? Was würde passieren, wenn ein Wunder geschähe und alle Spannungen auf einen Schlag gelöst würden? Wie sähe mein Leben dann aus?
- Macht es mehr Sinn, die Spannungen auszuhalten oder die Situation zu verändern?

- Was ist für mich eine gute Lösung, die für mich stimmig und sinnvoll ist?
- Wer kann mir dabei helfen und mich unterstützen?

Mit der letzten Frage sind wir schon bei der dritten inneren Haltung, der Wertschätzung und der Akzeptanz, die wir in stärkenden Beziehungen erfahren.

Umfassende Verbundenheit

Wir leben in Beziehungen. Beziehungen machen uns stark. Daher kann ich es leicht nachvollziehen, dass stabile, stützende und zuverlässige Beziehungen sich von Anfang an als wesentlicher Schutzfaktor erwiesen haben. Die Entwicklung einer resilienten Persönlichkeit wird gefördert, wenn diese von unterstützenden und stärkenden Beziehungen getragen wird. Diese Stütze vermittelnden Menschen sind Schlüsselpersonen, wenn es darum geht, mit widrigen und schwierigen Verhältnissen umzugehen.

Anna, die Frau von Thomas K., ist solch eine Schlüsselperson. Er schildert sie mir als einen liebevollen Menschen, der ihm ein Gefühl der Sicherheit vermittelt; in den Zeiten, in denen er nicht mehr weiterweiß, gibt sie ihm Orientierung. Sie hört ihm zu. Sie lässt Fragen zu. Sie ist für ihn da. Sie macht sich mit ihm auf die Suche nach dem weiteren Weg. Auch wenn er immer wieder in seinem Gedankenkäfig steckt und seine Unsicherheit ihn gefangen hält, auch wenn ihm manche Menschen aus seinem Umfeld nicht mehr zuhören wollen, wenn er von seinen Sorgen erzählt, ist sie diejenige, die sich nicht von ihm abwendet. Sie hält durch, wenn er mitten in der Nacht einen Menschen braucht, der ganz Ohr für ihn ist. Denn sie hat die Gabe der Feinfühligkeit: Beide kennen sich schon lange und wissen um ihr Leben. Sie kann ihm daher in seiner Schwäche wertschätzend begegnen. Sie weiß: Wenn er gut drauf ist, ist er ja auch für sie ein wertschätzender Partner. Sie schenkt ihm Vertrauen und er kann ihr Vertrauen annehmen: Sorgen und Ängste braucht er nicht vor ihr zu verstecken. Diese Erfahrung schenkt ihm verlorenes Selbstvertrauen zurück und stärkt sein Selbstbewusstsein. Auf dieser Basis – sie leben eine annehmende und wertschätzende Beziehung – können beide gemeinsam Wege aus der Krise finden. Anna erspürt, wo ihr Mann die Herausforderung suchen muss, und stellt ihn vor neue Aufgaben: „Was wäre, wenn du kündigen würdest? Was sind deine wahren Stärken? Du bist nicht alleine – was können wir beide gemeinsam tun?" Zusammen suchen sie nach Lösungen und Möglichkeiten, die sie realisieren können. Als er in seinem ehrenamtlichen Engagement positives Feedback zugesprochen bekommt, verstärkt sie dieses. Sie ermutigt ihn, weiterzumachen, und gibt ihm eine positive Rückmeldung über seinen Erfolg.

„Ein Ausnahmefall", werden Sie sagen. Ich frage zurück: „Gibt es nicht auch in Ihrem Umfeld einen oder mehrere Menschen, die diese Qualitäten haben? Menschen, die da sind und Ihnen zuhören? Menschen, die Sie stützen und Ihnen Vertrauen schenken? Menschen, die mit Ihnen Lösungen entwickeln und Sie auf Ihrem Erfahrungsweg unterstützen?" Selbst wenn sich diese Fähigkeiten auf mehrere Personen verteilen – entscheidend ist die Hilfe durch andere. Deutlich ist, dass diese Menschen eine soziale Kompetenz mit sich bringen, andere zu unterstützen – ein Gespür für die Wirklichkeit, Einfühlungsvermögen, Kreativität und die Fähigkeit, die schwierige Situation zu bestehen, Kontaktfähigkeit und die Gabe, eine gelingende Beziehung aufzubauen. Sie befähigen uns, in der Krise diese Kompetenzen wieder bei uns zu entdecken. Sie tun dies, indem sie Wertschätzung und Annahme leben. Wertschätzend begegne ich einem Menschen, wenn ich ihn so als Person annehmen kann, wie er ist. Ich begegne diesem Menschen mit seinen Bedürfnissen und Fähigkeiten, mit seinen Stärken und Schwächen, mit seiner Liebenswürdigkeit und mit seinen Eigenarten, ohne Vorurteil und ohne Vorbedingungen. Ich bringe ihm meine Wertschätzung entgegen, damit er mit seiner schwierigen Situation umgehen kann. Ich nehme ihn an und helfe ihm dabei, dass er seine Angst und Resignation abbaut und sein Vertrauen in sich selbst stärkt. Ich schätze ihn wert, indem ich mich in seine Welt hineinversetze, für ihn da bin. Das, was ich von ihm verstanden habe, teile ich ihm auch mit. Ich helfe ihm, dass er sich mit sich selbst auseinandersetzen kann und seine Wirklichkeit als eine sinnvolle annehmen kann.

Durch Wertschätzung können wir uns selbst annehmen mit unseren liebenswerten und begrenzenden Seiten, versöhnt mit den Brüchen unseres Lebens. Wertschätzung bewirkt, dass wir auch unsere ungeliebten Seiten annehmen können. Wertschätzung fördert, dass wir echte Bindungen eingehen: Wir teilen miteinander wichtige Informationen, Erfahrungen, Lebenseinstellungen und Werte. Wir helfen uns im Umgang mit Herausforderungen und Krisen. Wir wissen, dass wir gemeinsam in einem Boot sitzen – mit ähnlichen Erfahrungen und Gefühlen, mit Vertrautheit und Angst, mit der Gewissheit, dass wir in der Unsicherheit nicht alleine sind. Wir stärken uns, weil unsere Beziehung durch ein Klima der Akzeptanz getragen ist: durch Sensibilität und Einfühlung, durch Problemlösung und Vorwegnahme der als schwierig empfundenen Situation. Gegenseitige Unterstützung und Hilfe gelingen durch gute Beziehungen.

Die gemeinsame Auseinandersetzung mit den Rückschlägen des Lebens ist anstrengend, aber ihre Frucht ist, dass das Selbstvertrauen im anderen wächst. Thomas K. hat es gelernt, sich mit seiner Wirklichkeit auseinanderzusetzen und diese anzunehmen. Er sucht stärkende Beziehungen von sich aus. Er lernt es wieder, im Hier und Jetzt zu leben und blickt im Kontakt mit sich nach vorne. Für sich entwickelt er eine Politik der kleinen Schritte, er wächst im mühsamen Übergang von heute nach morgen. In allem kann er ein positives Grundgefühl in seinem Leben entwickeln. Der israelische Psychologe Aaron Antonowski nennt diese positive, sinnstärkende Haltung das Gefühl für Kohärenz, für die innere Stimmigkeit im Leben. Wenn wir diese Stimmigkeit in uns wahrnehmen und in uns tragen, dann kommen nach Antonowski drei Fähigkeiten zum Tragen. Wir können erstens unsere schwierige Situation wirklich verstehen; die Welt hat für uns eine innere Ordnung, die uns hilft, die Realität als solche anzunehmen. Deshalb liegt die Belastung nicht wie ein Problemberg auf uns, das ganze Leben steht in einem größeren inneren Zusammenhang. Wir können zweitens die Herausforderung handhaben. Das Leben ist kein unlösbares Problem; die Situation mag schwierig sein, sie ist aber auch zu meistern. Die Schwierigkeit überrollt einen nicht, weil wir innere Stärken in uns tragen, mit denen wir die aktuelle Herausforderung angehen können. Wir können schließlich mit der schwierigen Situation umgehen, weil unser Leben in einem größeren Sinnzusammenhang steht. Auch wenn mir jetzt nicht alles sinnvoll erscheint, das Leben ist von Sinn getragen. Es gibt immer lebenswerte Aufgaben und Träume, für die wir uns engagieren können. Es gibt eine Verbundenheit mit einem größeren Ganzen.

Antonowski hat seine Entdeckung mit Menschen gemacht, die extreme Erfahrungen überlebt hatten: Konzentrationslager und sehr schwere Krankheiten. Ihnen allen war gemeinsam, dass sie ihren Glauben in einen höheren und größeren Sinnzusammenhang nicht aufgegeben haben. Als religiöser Mensch kann ich diesen Glauben auch als Gotteserfahrung verstehen. Mir wird deutlich, dass Resilienz auch eine spirituelle Seite hat.

Eine spirituelle Sicht

Kehren wir nochmals zur Tobiterzählung zurück. Da ist Raguel, der Tobias seine Tochter zur Frau gegeben hat; er will ja schließlich das Gesetz befolgen. Er führt sie dem versprochenen Mann zu und vertraut sie ihm an. Er schreibt den Ehevertrag und besiegelt ihn. Er richtet ein festliches Mahl aus und bringt die jungen Eheleute für die Hochzeitsnacht zusammen.

Soweit ist alles gut. Doch ganz traut er dem Braten nicht. Noch in der Nacht hebt er unbemerkt ein Grab aus, im Notfall kann er die Leiche diskret beseitigen. Sieben Mal musste er das ja schon tun! Er, Raguel, ist hier ein geborener Pessimist: „Schaut nach, ob er noch lebt. Wenn nicht, wollen wir ihn unbemerkt begraben" (vgl. Tob 8,12).

Auch hier finden wir wieder den Gegentyp, dieses Mal in Edna, der Frau des Raguel: „Hab Vertrauen, mein Kind!", tröstet sie ihre verzweifelte Tochter. „Nach so viel Leid schenke dir der Herr des Himmels und der Erde endlich Freude. Hab nur Vertrauen!" Sie erkennt die leidvolle Situation und verliert doch ihre Zuversicht nicht. Sie stärkt die Beziehung zu ihrem Kind. Wider alle Traurigkeit hofft sie, dass ihrer Tochter Lebensglück geschenkt wird. Der Grund ihrer offenen und positiven Haltung ist ER, der Herr des Himmels und der Erde. ER kann das Schicksal ihrer Tochter wenden: Dann wird der Dämon keine Macht mehr haben. Dann kann das Paar eine segensvolle Nacht verbringen. Dann kann ein rauschendes Hochzeitsfest gefeiert werden. Doch bevor sich alles zum Guten wendet, müssen wir nochmals auf den Beginn der Reise schauen, denn auf dieser Reise wird anschaulich, wo wahre Hilfe geschieht.

Schutzfaktoren II – Gegen Risiken und Nebenwirkungen

Da steht er nun. Sein Vater hat ihm den Auftrag gegeben, zehn Talente Silbergeld aus Medien – von weither – zu holen. Sein Ausweis: zwei halbe Schuldscheine. Sehr gut kann ich mir vorstellen, wie ihm zu Mute ist: Unsicherheit, vielleicht sogar Angst machen sich in ihm breit. So eine Reise ist ja gefahrvoll. Sein Vater sagt: „Fürchte dich nicht!" Die Unsicherheit des Tobias schlägt trotzdem durch: „Vater, wie kann ich das Geld erhalten? Ich kenne ja deinen Partner, der die zweite Hälfte des Schuldscheins hat, nicht. Ich kenne die Wege nach Medien nicht, um sicher dorthin zu gelangen." Der Weg ist gefährlich. Ungewissheit und Unübersichtlichkeit, wohin er auch schaut, Unerfahrenheit und Risiko. Ob die Reise gelingt? Er weiß es nicht. Das Risiko ist groß. Da ist wenig freudige Erwartung und viel Unwohlsein. Da ist Angst. Seine Mutter hat nicht ganz Unrecht, wenn sie meint, er solle doch zu Hause bleiben. Doch das würde inneren Stillstand bedeuten. Sein Vater gibt ihm den Tipp, einen Begleiter zu suchen, und Tobias tut dies. Er heuert einen jungen Mann an, der auf der Straße Arbeit sucht und den Weg kennt: „Ich brauche dich nämlich, dass du mit mir gehst." Freude, Mut, Willkommen, Segen – die Verhandlung setzt sich mit diesen Worten fort und wird im Zuspruch verstärkt: „Wohlbehalten werden wir fortgehen und wohlbehalten zurückkommen, denn der Weg ist sicher" (vgl. Tob 5,1–22).

Aufbrechen – in das Wagnis hinein. Sehr gut erinnere ich mich an die Zeit, als wir als junges Ehepaar aufgebrochen sind. Wir hatten eine Wohnung. Wir hatten einen Job, wenn auch befristet. Hätten wir gewusst, was alles auf uns zukommen wird, unser Herz wäre uns tief in die Hosentasche gefallen. Doch die Zuversicht war stärker als unsere Unsicherheit. „Ja, miteinander schaffen wir es. Du stärkst mich und ich stärke dich. Wir glaubten, dass das Richtige passiert, und im Rückblick ist es auch so geschehen. Wir glaubten, dass wir miteinander etwas erreichen konnten. Wir hatten eine gemeinsame Vision. Wir trugen Sorge füreinander. Das war unser Rüstzeug gegen die Widrigkeiten, die jeder Lebenslauf mit sich bringt. Selbst etwas bewirken, Ziele haben, einander unterstützen und umeinander sorgen – das sind vier weitere Schutzfaktoren, die uns stark machen. Es sind Schutzfaktoren, die sich aus einer inneren Haltung heraus ganz praktisch im Lebensalltag zeigen.

Selbstwirksam handeln

Selbstwirksamkeit ist ein uns vertrautes Phänomen: Glaube ich an den Erfolg meines Handelns, dann stellt sich dieser auch leichter ein. Redet man mir umgekehrt immer wieder zu, dass ich etwas nicht kann, ist die Chance groß, dass ich scheitere. Wenn ich von vorneherein das Gefühl habe, dass mein Tun nichts bewirkt, werde ich auch kaum ein Risiko eingehen. Wir kennen diese Erfahrung schon von Kindern: zugetraute Erfolge bestätigen, zugesprochene Misserfolge schwächen. Wenn ich auf meine eigenen Fähigkeiten baue und überzeugt bin, dass ich die mir gestellte Aufgabe auch meistern kann, stärkt diese Überzeugung auch die eigene Selbstwirksamkeit. Wenn ich meinen eigenen Fähigkeiten und Stärken traue, werde ich meine Absichten und Ziele auch leichter verwirklichen. Denn Selbstwirksamkeit ist getragen von der Erwartungshaltung, dass ich trotz vorhandener Widerstände etwas aus innerer Kraft bewirken kann. Durch eine positive Überzeugung kann ich mein Leben zum Guten verändern.

Selbstwirksame Menschen trauen sich demnach zu, auch in schwierigen Situationen etwas zu bewirken. Sie sagen sich: „Ich schaffe das!", weil sie an ihren eigenen Erfolg glauben. Sie nehmen sich als weniger verletzlich wahr und können deshalb konstruktiv mit ihren eigenen Grenzen umgehen. Sie finden aus eigener Kraft Wege und Mittel, um eine schwierige Situationen zu bewältigen. Selbstwirksame Menschen gehen nicht in die Opferrolle, sie schieben sich nicht die Schuld an der misslichen Situation oder am Scheitern zu. Menschen, die in die Opferrolle gehen, fühlen sich benachteiligt und gehen gerne in Selbstmitleid auf: „Ich allein bin schuld, dass dieses Projekt gescheitert ist. Dieses Gespräch ist danebengegangen, weil ich nicht konzentriert zugehört habe. Wir haben das Ergebnis nicht erreicht, weil ich mich nicht genug angestrengt habe. Mir hilft keiner hier!" Menschen in der Opferrolle bemitleiden sich, geben schneller nach und vermeiden anspruchsvolle Aufgaben. Sie fühlen sich schuldig und vermeiden es, nach einem Rückschritt ihre Kräfte neu zu sammeln. Ein Kollege klagt über ein gescheitertes Projekt. Er stöhnt, er sei von den Mitarbeitenden nicht unterstützt worden. Dass das Projekt von Anfang an von der Führung als hochriskant eingeschätzt und trotzdem genehmigt wurde, zählt ebenso nicht wie die Tatsache, dass den Projektbeteiligten gar nicht ausreichend Zeit zur Verfügung gestellt wurde.

Anders selbstwirksame Persönlichkeiten: Fehler und Rückschläge bringen sie nicht um und treiben sie nicht in die Resignation. Vielmehr haben sie das Gefühl, ihr Leben auch steuern zu können. Sie können besser mit ihren Emotionen umgehen. Sie können sich besser kontrollieren in ihrem eigenen Denken, Wollen und Fühlen und verstehen es deshalb besser, ihr eigenes Handeln einzuschätzen. Dazu gehört auch, dass sie auf ihre eigenen Bedürfnisse achten. Ihr Gefühl, das eigene Leben kontrollieren zu können, stärkt selbstwirksame Persönlichkeiten in ihrer Motivation, aktiv zu handeln und Verantwortung zu übernehmen. Sie haben mehr Durchhaltevermögen. Weil sie auf ihre Fähigkeiten vertrauen, finden sie auch die Kraft und Mittel, durch schwierige Situationen zu gehen. Dazu gehört auch, dass sie für sich eine positive Fehlerkultur entwickeln. Shit happens. Fehler passieren. Entscheidend ist nicht alleine die Tatsache des Scheiterns, sondern der Umgang damit: Wer Angst vor Fehlern hat, ist von vorneherein verunsichert. Wer einen Fehler eingesteht, ihn vielleicht sogar als eine Chance versteht, kann die missliche Situation leichter gestalten, Kontakt zu anderen suchen oder auch eine neue, vielversprechende Aufgabe angehen. Denn Selbstwirksamkeit lässt sich lernen und bestärken, sei es durch eigene positive Erfahrungen oder durch Lernen an den Erfahrungen anderer, sei es im aktiven Umgang mit meinen Gefühlen und Denkweisen wie auch durch eine realistische Einschätzung, was ich kann und was nicht.

Selbstwirksame Menschen gehen aktiv in die schwierige Situation hinein und bewältigen diese daher besser. Im Umgang mit dem widrigen Umstand handeln sie.

Pack an! (Tob 6,3) – Was ich wirklich tun will

„Pack an!", ruft der Engel dem Tobias zu, als dieser von einem
großen Fisch angefallen wird und durch die erste Bewährung
gehen muss. „Pack an!" – Das ist die Aufforderung des Engels,
selbst zu handeln. Nehmen Sie sich Zeit für folgende Fragen:
-   Was ist die Lage, in der ich jetzt stehe? Wie erlebe ich diese?
-   Welche Alternativen und Möglichkeiten gibt es jetzt für
    mich? Brauche ich noch zusätzliche Informationen?
-   Was will ich erreichen? Wo spüre ich Energie, um Verän-
    derung anzugehen?
-   Kann ich ein konkretes Ziel und Schritte zu dessen Ver-
    wirklichung formulieren?
-   Wofür entscheide ich mich jetzt?

Was werde ich jetzt tun und wann werde ich überprüfen, ob
mir mein Vorhaben gelungen ist? ✐

Der Fisch, mit dem Tobias kämpft (Tob 6,2–5), steht für Kräfte, die unser inneres Leben bestimmen. Am Strom des Lebens kommt es zum Kampf: Vom Fisch angefallen, erahnen
wir, welch dunkle Macht Tobias aus der Tiefe bedroht, eine
Macht, die ihm den Boden unter den Füßen wegzieht und ihn
regelrecht zu ersäufen droht. Jetzt muss er kämpfen, sich dem
Dunklen und Bedrohlichen stellen, fest anpacken. In seiner
Angst zeigt er nicht nur Mut, sondern auch Vertrauen, dass
sein Begleiter recht hat. Am Tiefpunkt tut sich neue Lebenskraft auf: Tobias hört auf seinen Begleiter und Freund; ge-
zielt setzt er den Schnitt am besiegten Fisch an. Die Innereien
werden als Heilmittel aufbewahrt und im Reisegepäck mitge-
nommen. Das Fleisch wird gebraten; es wird aufgegessen und
dient zur Nahrung. Es wird einverleibt, um neue Kraft zu spen-

den. Was hier zum ersten Mal in der Bewährung passiert, wird sich später wiederholen: Mut und Kampf in der Gefahr, Vertrauen auf eigenes Können in der Krise. Die Lebensregel heißt dann: Schaue der Gefahr ins Auge, packe mutig an und handle. Werde dir klar, was du willst und was du bewirken möchtest. Übernimm die Verantwortung für das, was du tust!

Meine Zukunft gestalten

„Es gibt keine Probleme, es gibt nur Lösungen", sagt mir eine Bekannte. Wenn ich auf ihr Arbeitsfeld schaue, dann kann ich sie verstehen. Ständig wird sie mit Erwartungen und Wünschen konfrontiert. Immer wieder läuft es anders als geplant, Troubleshooting gehört zu ihrem Tagesgeschäft. Da würde ein analytischer Problemzugang nur die Arbeit erschweren. Natürlich kann es in vielen Situationen nützlich sein, problembewusst zu handeln, in Ruhe zu analysieren, Alternativen zu erwägen, noch mehr nützliche Informationen einzuholen, zu entscheiden, beherzt zu handeln und mein Handeln auch zu überprüfen. Natürlich ist strategisches und zielorientiertes Handeln in vielen Alltagssituationen angesagt. Aber in einer krisenhaften Situation liegt es näher, den Blick nach vorne zu wagen, beherzt und lösungsorientiert mit einem positiven Bild der Zukunft heranzugehen.

Bin ich mehr der Typ, der Probleme sieht, oder der, der die Chancen angeht? In der Herausforderung bin ich mit vielfältigen Gefühlen konfrontiert. Diese dürfen auch sein. Doch wenn ich die Chance sehe und mich nicht vom Problem überwältigen lasse, werde ich versuchen, meine Gedanken und Gefühle zu kontrollieren. Ich werde negative Glaubenssätze und Muster abwehren und positive Denkmuster stärken. Ich werde mich trauen und absichtsvoll auf positive, visionäre

Gedankenspiele eingehen. Wenn ich die Chance sehe, dann werden zwei Fragen für mich zum Referenzpunkt werden: Mag ich diese Lösung? Wofür ist das, was ich tue, gut? Personen, die lösungsorientiert leben, richten ihren Blick auf mögliche Ergebnisse anstelle schwer lösbarer Probleme. Sie erweitern ihren Spielraum, weil ihnen das Leben Alternativen bietet. Sie sind weniger gelähmt und können ihre Ressourcen aktivieren: neue Ideen, unkonventionelle Wege, verschiedenartige Perspektiven, originelle Menschen, die sie inspirieren. Lösungsorientiert bin ich, wenn ich mir realistische Ziele setze und schon aus kleinen Verbesserungen lerne. Statt mich vom inneren „Ich muss" antreiben zu lassen, frage ich mich lieber, welche Möglichkeiten es in dieser Herausforderung gibt und wie etwas anders funktionieren könnte, welche Wege andere gehen und was eine total abwegige Alternative wäre. Wenn ich alle Zeit und alles Geld der Welt hätte, was würde ich jetzt tun? Welcher Energie würde ich folgen?

Grundlage zukunftsorientierten Handelns ist eine starke Vision. Jede Vision braucht am Anfang eine Vorstellung von glücklicher Erfüllung. Auch wenn diese Vision noch keine klare Gestalt hat, sie gibt uns Hoffnung und Energie, sie gibt uns Mut zum Wagnis. Hier liegt der Keim für Veränderung, Verwandlung und Entwicklung. Eine Vision ist ein inneres Bild von der erhofften Zukunft. Innere Bilder entfalten ihre Wirkung. Sie sprechen unsere Gefühle an und überzeugen uns. Sie verändern uns. Sie drücken gemeinsamen Sinn aus. Innere Bilder erzeugen den Funken, der unser Leben aus dem Alltäglichen heraushebt und ihm eine besondere Note verleiht. Eine Vision kommt von innen, in ihr beschreibe und verwirkliche ich tiefe innere Überzeugungen und Werte: welche Energie ich in ein Projekt investieren werde, was für mich

Hingabe und was Freiheit heißt, was ich unternehmen möchte und schaffen will. Im Wort Vision steckt das lateinische Wort *videre* (sehen, Ausschau halten). Ich sehe etwas vor mir, auf das ich zugehen will, und ich sehe nach vorne. Diese Zukunft trägt Neues in sich und wirkt so verändernd auf das Heute. Visionen müssen wir im Laufe der Zeit immer wieder verlebendigen und auf unsere Lebenssituation hin anpassen. Visionen aktivieren ungeahnte Seiten in uns, sie ermöglichen uns eine neue Lebensperspektive. Eine Vision führt, wenn sie gut und kraftvoll ist, zu einer Mission, zu gelebten Überzeugungen und Lebenszielen. Visionen dürfen keine leeren Träume bleiben, sie wollen konkret werden. Sie fordern unsere Ausdauer und unser Können. Sie entfalten ihre Kraft, wenn wir die inneren Bilder dazu nutzen, Ziele und Projekte zu verwirklichen. Wo es uns daher gelingt, konkrete Schritte aus der Vision heraus zu entwickeln, da wird das innere Bild lebendig und gewinnt an Kontur. Unser Herz schlägt höher, wir packen gemeinsam an. Da wird die innere Überzeugung lebendig.

Wohlbehalten sein (Tob 5,22) – Mein inneres Zukunftsbild

Stellen Sie sich vor, dass eine gute Zukunft für Sie entstanden ist, eine Zukunft, in der sich Ihre tiefste innere Sehnsucht erfüllt hat. Was spüren Sie in Ihrem Herzen? Welche Vision entsteht jetzt vor Ihrem inneren Auge?

- Was sind die inneren Bilder, die mich tragen?
- Wo werde ich in zehn Jahren stehen? Was ist der entscheidende Unterschied zu heute?
- Was ist mir persönlich wichtig? Welche Ziele und Werte habe ich? Woran glaube ich?

- Welche Energie trägt mich? Kommt meine Vision aus einer inneren Quelle, die mich trägt?
- Was ist meine Mission, mein konkreter Auftrag?

Woran erkenne ich, dass meine Zukunftsvorstellung Wirklichkeit geworden ist? Welches Projekt will ich jetzt angehen? ✍

Ich werde feststellen: Wenn ich diese Fragen ernsthaft beantworte, dann werde ich diese Haltung in meinem Alltag geduldig leben. Denn es braucht beides, es braucht das tägliche Engagement und es braucht die innere Kraft der Vision.

Es braucht den mühsamen Weg der Entbehrung und die Verheißung, dass alles gut sein wird.

Beziehungen stärken

Engel haben manchmal keine Flügel. Dann sind unsere Engel die guten Menschen um uns herum, die uns ihr Ohr leihen, die uns verstehen und unterstützen. Es sind die Menschen, die uns nahe sind. Damit sind wir dem biblischen Verständnis von Engeln erstaunlich nahe: Sie sind Boten Gottes und gleichzeitig menschenfreundliche und helfende Begleiter. Sie sind Sehhilfe auf den offenen Himmel hin und öffnen die Augen für die konkrete Not. Ob es nun einen Hofstaat von Engeln gibt, die „vor der Herrlichkeit des Herrn stehen" (Tob 12,15), das können wir getrost der theologischen Diskussion überlassen. Entscheidend ist für uns, was der Engel in der Tobiaserzählung tut. Rafael, der engelsgleiche, und Asarja, der menschliche Begleiter, treten als eine Person auf, als Brückenbauer zwischen oben und unten, zwischen Leben und Tod, zwischen Verzweiflung und Erlösung. Schon der Name beider macht den Auftrag deutlich: Gott heilt. Wunderbares geschieht. Dieser Engel wird uns von Gott gesandt, um die Widrigkeiten zu beseitigen und die Dinge in Ordnung zu bringen, er steht als Reisebegleiter auf der Straße bereit, er kennt den Weg und bricht als Gefährte mit auf, er ermutigt in der Gefahr und weiß um die Lösung, er verbannt das Böse und leitet die Heilung ein, er besorgt den Schatz und bringt alle heil nach Hause. Durch ihn geschieht ein Wunder. Er ist ein liebevoller Begleiter und offenbart sich als ein guter Engel, aber erst zum guten Ende. Dann können wir mit ihm Gott loben und preisen. Er ist Begleiter, Berater, Netzwerker, Heilkundiger, Lebensöffner. Er hört und er stützt.

Unterwegs entwickelt sich ein Gespräch zwischen dem Engel und Tobias: „Bruder, heute werden wir bei deinem Verwandten Raguel übernachten. Der hat eine schöne und kluge Tochter und die steht dir zu. Ich will für dich die Hochzeit vermitteln." Doch Tobias hat die Hosen gestrichen voll: „Ich habe gehört, dass die junge Frau schon mit sieben Männern verheiratet war und dass alle in der Hochzeitsnacht umgekommen sind. Die wird von einem Dämon geliebt. Ich habe abgrundtiefe Angst! Die bringt mir den Tod." Der Engel tröstet ihn und versichert ihm seine Hilfe: „Hör auf mich, Bruder! Sie wird deine Frau. Du brauchst dich wegen des Dämons nicht zu sorgen. Den Dämon können wir besiegen." Und er spricht ihn im Innersten an: „Hab keine Angst." Da geschieht Heilung in ihm. Es endet gut: Als Tobias das hört, „gewann er sie sehr lieb und sein Herz hängte sich an sie." (Tob 6,19) – so der O-Ton.

Geld oder Liebe? Was für eine Wendung! Losgeschickt, um das Geld zu holen, entdeckt Tobias das wahre Leben. Der Engel hilft ihm dabei. Denn er wird vom Engel in Beziehung genommen. Er kann seine abgrundtiefe Lebensangst aussprechen. Er traut sich, weil er Zuspruch bekommt. So wird er zum Mann, der das Wagnis der Zweierbeziehung eingeht. Angst verschloss seinen Lebensweg und jetzt eröffnen sich ihm Heilung und neues Leben. Liebe, die aus der Beziehung gewonnene innere Stärke, siegt. Das Schwere und Ängstigende ist da, doch das Versprechen der Liebe gewinnt. Tobias' Zuneigung weckt schließlich die Liebeskraft in Sara.

Soziale Unterstützung und der Aufbau eines tragfähigen Netzwerkes sind der Königsweg im praktischen Umgang mit den Belastungen des Lebens. Soziale Unterstützung zeigt sich in Beziehungen, die tragen, in Aufgaben, die gemeinsam bewältigt werden, in der Zusammenarbeit auf ein gemeinsames Ziel hin, in der Hilfe in den praktischen Belangen des Lebens. Wer hilft mir, diese Herausforderungen des Lebens zu meistern?

„Rafael war ein Engel" (Tob 5,4) – Unterstützung durch andere

- Von wem kann ich jederzeit praktische Unterstützung bekommen?
- Mit wem unternehme ich gerne etwas?
- Mit wem fühle ich mich verbunden, wenn ich Schwierigkeiten habe?
- Wem kann ich ganz und gar vertrauen?
- Mit wem fühle ich mich richtig wohl, wenn wir zusammen sind?

Soziale Unterstützung zeigt sich auf den verschiedenen Ebenen unseres Lebens und spricht unterschiedliche Bedürfnisse an: praktische Hilfe, einen guten Rat, emotionale Stütze, Vertrauen, stärkende Beziehungen, Lebensorientierung. Es ist gut, wenn ich für jedes dieser Bedürfnisse einen oder mehrere Menschen für mich benennen kann.

Denn eine wesentliche Rolle in der sozialen Unterstützung spielen Netzwerke. Netzwerke bilden sich um die verschiedenen Bedürfnisse des Lebens herum aus. In diesen Netzwerken finden wir die Schlüsselpersonen, die uns verlässliche Hilfe in den Herausforderungen und Lebenswiderfahrnissen sind. Wir finden in ihnen weitere Personen, die uns auf Zeit und in gemeinsamen Erfahrungen Stütze sind und Halt geben. Denn Netzwerke sind dynamisch und flexibel, von unterschiedlicher Art und Intensität. Netze können sich festigen, aber auch im Laufe der Zeit auflösen.

Der Engel ist für Tobias ein unterstützender Begleiter. Rafael geht in die Beziehung zu ihm. Er zeigt ihm Wege der Heilung auf: „Den Dämon kannst du besiegen." Er stärkt das Netzwerk: „Da ist ein Verwandter und du wirst glücklich in der Ehe mit seiner Tochter sein." Er sorgt dafür, dass Tobias in der Krise und im Widerstand als Person wächst und dieser selbst zu einem Menschen mit Liebe und Zuneigung wird. Tobias nimmt diese Kräfte in seinem Herzen auf.

Mich um mich selbst sorgen

Ein entscheidender Übergang ist gemacht. Tobias, erwachsen geworden, ist nicht mehr davon abhängig, dass andere ihm den Weg zeigen und ihm Lebensorientierung geben. Er kennt nun seinen Weg selbst. Er weiß nun, was für ihn gut ist und entscheidet. Seine Fähigkeit zur Zuneigung und Liebe zeigt sich in der Liebe zu Sara. Beide sind nun miteinander glücklich (vgl. Tob 8,4–8). Gegen den Willen seines Schwiegervaters, dass er bleiben soll, entscheidet er sich: „Ich gehe jetzt!" (vgl. Tob 10,9). Er sorgt für sich und verantwortet sein Handeln.

Selbstsorge, verbunden mit Selbstkontrolle und Selbstverantwortung, ist ein weiterer Schutzfaktor, der Resilienz stärkt. Ich sorge mich um mich selbst, achte aufmerksam darauf, was ich brauche. Ich achte auf meinen Körper, weil ich mit seiner Hilfe meine Lebensenergie fördere oder eben auch Raubbau mit meinen Kräften treibe. Ich achte auf meinen Geist, ob ich mich um innere Stabilität bemühe oder vom erstbesten Widerstand entmutigt werde. Ich achte darauf, ob ich meine Werte und Überzeugungen leben kann oder diesen zuwiderhandle. Ich prüfe demnach, was an Lebensenergie in mir ist und was an Lebenshemmnis. Ich achte auf mich und schaffe mir inneren Raum. Ich sorge mich um mein Leben und damit um meine Seele. Ich richte meinen inneren Kompass aus und nehme meine wahren Bedürfnisse in mir wahr: mein Bedürfnis nach Anerkennung und Erfolg, dass ich etwas Sinnvolles tue, mein Bedürfnis nach Bindung und Beziehung, dass ich durch Nähe zu anderen und Freundschaft Annahme, Wertschätzung und Zugehörigkeit erfahre, mein Bedürfnis, selbst etwas wert zu sein, mein Bedürfnis nach Orientierung, dass ich mir Klarheit verschaffe, und schließlich mein Bedürfnis nach innerer Stimmigkeit, dass ich die Zusammenhänge in meinem Leben besser verstehe, ausgeglichener lebe und innere Ruhe finde.

In guter Erinnerung ist mir ein erfahrener Seelsorger vom Typ des alten und weisen Mannes, bei dem sich viele Menschen Rat und Orientierung holen, ich auch. Durch viele, auch widrige Lebenserfahrungen geprüft, strahlte er innere Ruhe und Kontakt zu sich aus. Was ich an ihm bewunderte, ist, dass er sein Leben in der Hand hatte. Ein Leben lang hat er es gelernt, hinter seinen Werten und Zielen zu stehen. Bis ins hohe Alter ist er mit Energie bei der Sache. Er setzt seine Kräfte und Fähigkeiten so ein, dass sein Tun Wirkung zeigt. Was er tut, sieht einfach aus, ist aber Frucht geduldigen

Übens. Viele sprechen bewundernd von seinem Lebenswerk. Mit anderen Worten: Er nimmt Verantwortung für sich wahr und lebt sie. Er hat einen Standpunkt.

„Lass sie dir nie aus dem Herzen reißen!" (Tob 4,19) – Meinen Standpunkt formulieren

Während ursprünglich der Vater an Tobias über die Gebote appelliert, folgt dieser jetzt seiner Herzmitte. Doch wie kann ich sie finden? Wir alle wissen in der Regel, was wir tun, aber nicht, wozu wir etwas tun. Was ist der Sinn und die tiefere Bedeutung meines Handelns? Stark wird, wer sich für das Wozu entscheidet:

- Was verfolge ich mit dem, was ich tue?
- Woran glaube ich? Was möchte ich wirklich?
- Was will ich am Ende erreicht haben?
- Was ist mein Beitrag zum Wohlergehen des Ganzen?

Bei Tobias ist die Sache klar. Er hat seinen Standpunkt gefunden. Wollen Sie Ihrem Standpunkt nachgehen? Nehmen Sie sich Zeit, um den genannten Fragen nachzugehen und folgen Sie Ihrer Lebensspur! Machen Sie sich Notizen, kleine Post-Its, mit denen Sie Ihre Kerngedanken verfolgen. Sie werden Schlüsselworte für Ihre Lebensbestimmung finden.

Schreiben Sie eine kleine, etwa dreiminütige Geschichte darüber, was Sie wirklich erreichen wollen und wozu Sie da sind. Nicht, was Sie tun, sondern, wozu Sie es tun! Erzählen Sie einem Menschen Ihres Vertrauens diese Geschichte über Ihren persönlichen Standpunkt. Nehmen Sie Ihr Gegenüber mit auf die Reise! Lassen Sie diese Person an Ihrer Begeisterung teilhaben! Tauschen Sie sich aus!

Selbst für mich verantwortlich sein

Wir haben die Wahl, ob wir das Heft in die Hand nehmen oder einfach auf die Umstände hin reagieren. Wir sind für unser Leben selbst verantwortlich: für unsere Wahrnehmung, unsere Gedanken, unseren Willen, unser Verhalten. Wir können uns von den Umständen leiten lassen oder uns selbst leiten; wir können im Problem verharren oder uns wirksam auf die Lösung hin ausrichten. „Ja, aber ... Ich muss ... Ich kann nicht ...", sagt der von den Umständen Getriebene. „Ich will trotzdem ... Ich entscheide mich ... Ich wähle ...", sagt der aktiv Gestaltende. Im Alltag bewegen wir uns zu oft in einem Strudel und beschäftigen uns nur mit Dingen, die wir nicht ändern können. Oft entwickeln diese Dinge große Bedeutung. Sie beschäftigen uns innerlich, sind Anlass zu Besorgnis, Unmut und Unruhe. Diese Dinge kosten viel Energie, können jedoch nicht verändert werden: der Ärger über einen Menschen, die Tatsache, dass ich es nicht recht mache, die Missstände an meinem Arbeitsplatz. Dann sind wir innerlich getrieben und im Herzen negativ belegt. Anders ist es, wenn wir uns im Feld des echten Interesses bewegen: Hier will und kann ich die Dinge wirklich verändern. Ich kann meine Energie auf die Sache lenken, weil sie mir wichtig und von Bedeutung ist. Mit anderen Worten: Ich nehme meine Selbstverantwortung ernst. Ich will gestalten und nachhaltig wirken. Resilienz stärkt uns – wenn wir wie Tobias das Leben in die Hand nehmen.

II
Resilienz und Glaube

Glaube stärkt

Ist der persönliche Glaube, vor allem in seiner lebensprakti-
schen Ausprägung, eine Ressource, um innere Widerstandskraft zu entwickeln? Sinnorientierung und ein ausgeprägtes
Gefühl der Stimmigkeit und Verbundenheit mit dem Lebens-
ganzen wirken sich schützend aus – das haben wir schon gesehen. Resiliente Menschen, so haben es zahlreiche Untersuchungen herausgearbeitet, sind oft, aber nicht zwangsläufig,
gläubig und religiös gebunden. Sie entwickeln häufig innere
Stärke aus ihrem Glauben heraus.

Glaube ist Grundkraft des Lebens. Glaube ist Grundver-
trauen und Lebenskraft, ist Zuversicht in einen, den Alltag
transzendierenden Sinn. Glaubende Menschen vertrauen
darauf, dass ihr Leben von einem umfassenden Ganzen getragen ist. Als Glaubender bin ich unterwegs, weil ich mich
nach dem Geheimnis meines Lebens sehne. Wer in dieser
Haltung lebt, wird gerade in den Widerfahrnissen des Lebens
seiner Zuversicht trauen, die nicht selbstgemacht, sondern
von Gott zugesprochen und verheißen ist. Glaube ist Got-
tesgeschenk und die Antwort auf dieses Geschenk ist meine
Sehnsucht nach IHM.

Glaube ist aber nicht automatisch eine Stütze in schwierigen Situationen und widrigen Umständen. Glaube selbst
kann gefährdet und angefochten sein. Gerade in widrigen
Umständen können sich Zweifel und Angst, Unsicherheit
und Ohnmacht, Trostlosigkeit und Schwachheit zeigen. Gott
ist der Ferne und Nahe. ER ist der Gott, der mir in Zeiten spi-
ritueller Dürre und innerer Trockenheit ferne zu sein scheint,
und ER ist der Gott, der mir trotzdem nahe ist, weil er mich
liebt. Dieser Prozess hat mit innerem Reifen zu tun, das sich

oft in Krisen des Lebens entwickelt und bewährt. Glaube kann stärken.

Damit sind aber auch einige Missverständnisse aus dem Weg geräumt: Der Sinn von Glauben und Spiritualität ist nicht mentale Gesundheit und psychisches Wohlbefinden. Glaube trifft den Kern meines Lebens, ist immer neue Suche, waches Aufmerken, aber auch beständige Anstrengung, Kampf und Gnade an der Grenze meiner Lebensmöglichkeiten. Glaube lässt sich nicht instrumentalisieren. Entscheidend ist nicht, ob es mir gut geht im Leben, sondern ob ich meine Aufmerksamkeit forme auf das Lebensgeheimnis hin, das mich trägt. Die Frage ist nicht, ob ich mich wohlfühle oder innerlich stark bin, sondern ob ich mich öffnen kann für den Gnadenraum Gottes, auch in den schwierigen und dunklen Zeiten des Lebens.

Meinen wahren Namen finden

Tobit und Tobias: Gott ist gut. Raphael und Asarja: Gott hat geholfen. Im Buch Tobit sind die Namen Programm. In den Namen scheint das Wirken Gottes auf und die Namensträger verkörpern, was Gott von ihnen wirklich will. In ihrem Namen finden wir beides, Gottes Tun und das innere Wesen der Beteiligten. Tobit lebt seinen Namen. Gegen alle Umstände hält er daran fest, dass Gott gut ist. Weil er an Gottes Gut-Sein glaubt, kann er trotz aller Herausforderungen Güte als seine innere Haltung entwickeln und bewahren. Uns wird seine persönliche Gabe, sein Charisma, ansichtig. Er tut dies zunächst, indem er Gottes gute Gebote für sich entdeckt und einhält. An ihm scheint uns der tiefste Sinn seines Lebens auf, dass er das, was der barmherzige Gott will, durch sein Leben ausdrückt. Tobi-Jahu – Gott ist gut – ist sein wahrer Name.

Auch in meinem persönlichen Umfeld und in der Begleitung als Seelsorger scheinen mir die wahren Namen von Menschen auf. Da ist die Erzieherin, die nicht nur ein Herz für Kinder hat, sondern besonders für Kinder aus schwierigen Verhältnissen. Ich bewundere, wie sie sich diesen Kindern zuwendet. Ich bewundere ihre Geduld, wenn ein Kind schon wieder aggressiv geworden ist und ausrastet, wie sie Frieden stiftet und bei ihm bleibt. „Ich will nahe sein, das ist mein Leben", sagt sie. Die Nahe – das ist ihr wahrer Name. Da ist die Führungskraft, die die Spannung von Zugewandtheit und Klarheit verkörpert und mir im Gespräch offenbart, dass das kraftvoll-zärtliche Tun Jesu für sie im Laufe der Jahre zur inneren Richtschnur geworden ist. Der Zärtlich-Kraftvolle – das ist ihr wahrer Name.

Wir tragen alle unseren Namen in uns, bei dem Gott uns ganz persönlich ruft und uns in unserem innersten Selbst anspricht. „Dafür schlägt mein Herz", sagen wir und meinen nicht das Handeln, sondern in welcher inneren Haltung wir etwas tun. Hier scheint etwas von der Mitte der Person auf, unsere Bestimmung. Wenn wir diese Erfahrung in Sprache bringen, klingt sie oft einfach und allgemein: „Gottes Liebe zeigen" – „Da sein" – „Stark sein" – sind solche inneren Programme. Wir können unsere wahren Namen nur mit dem Herzen erfassen, denn in ihnen offenbart sich, was uns einmalig macht. Im Herzen scheint uns auf, dass wir von Gott geliebt sind. Wenn es uns gelingt, uns an dieser inneren Bestimmung auszurichten, dann erhält unser Leben Kraft. Wenn wir auf diese Herzmitte treffen, dann werden wir wirklich lebendig. Im Namen können wir uns als von Gott geliebt und einmalig entdecken. Wir leben unsere persönliche Berufung.

Mein eigener innerer, gottgeschenkter Name wird sich immer im Spannungspol meiner Berufung und meines Auftrags entwickeln. Wer bin ich? Was ist mein eigentliches inneres Wesen? Wie kann ich als Gottes Geschöpf meine Lebensform finden und gestalten? Welche konkreten Wege gehe ich dabei?

Glaube, so können wir festhalten, ist eine innere Haltung: meine Bestimmung, meine Berufung, aber auch die gelebte Praxis: mein Auftrag und meine Mission. In meinem Glauben zeigen sich meine tiefste Sehnsucht und mein innerstes Verlangen. Diese Kraft ist mir in mein Herz gelegt, auf dass sie sich entfalte. Im Glauben zeigt sich mir aber auch mein Leben: Am Ende, so hoffen wir, kann eine Frucht stehen, mein Beitrag zum Großen und Ganzen und mein Beitrag für die anderen. Für diesen Weg sind mir Gaben geschenkt. Mit dieser Unterscheidung können wir uns auch erschließen, was innere Stärke ausmacht und wie sie sich zum Glauben verhält.

Innere Stärke leben

Was macht mich stark? Was lässt mich von innen heraus aufblühen? Was stiftet mir Freude und Sinn? Der Kern einer Persönlichkeit zeigt sich zunächst in inneren Haltungen. Tugenden nennt der Psychologe Martin Seligman diese Haltungen. In umfangreichen Untersuchungen hat er festgestellt, dass über alle Lebensauffassungen hinweg sechs solcher Tugenden die Persönlichkeit prägen: Weisheit, Mut, Menschlichkeit, Gerechtigkeit, Mäßigung und Transzendenz. Tugenden treffen das Wesen der Persönlichkeit.

Tugenden verwirklichen wir als persönliche Stärken. Mut zeigt sich zum Beispiel in Ausdauer, Aufrichtigkeit und überzeugendem Engagement. Menschlichkeit zeigt sich in Nähe und Wärme. Jeder Mensch prägt solche Stärken persönlich aus. Daher kann ich mich selbst fragen, welche Tugenden und Stärken mich tragen.

Wer auf seine Stärken setzt, anstatt seine Schwächen zu bekämpfen, lebt zufriedener – eine psychologische Perspektive, die sich mehr und mehr durchsetzt. Durch unsere persönlichen Stärken gewinnen wir Lebenssinn und Glück. Wenn jemand seine Stärke leben kann, dann geht von dieser Stärke Energie und Kraft aus. Andere Menschen werden inspiriert und bekommen Schwung. Ein von guter Neugier geprägter Mensch wird neues Wissen erzeugen. Ein Mensch, der Freundlichkeit und soziale Intelligenz zeigt, wird nicht nur eine friedvolle Stimmung hervorbringen, sondern auch Liebe. Ein Mensch mit Sinn für Schönheit kann anderen kreative Lebensräume schaffen. Persönliche Stärke kann gefördert und weiterentwickelt werden und Erfüllung, Freude, Harmonie oder Engagement als Frucht bringen. Damit wird uns auch deutlich, dass Glaube aus psychologischer Sicht eine innere Haltung ist – bei Seligman die der Transzendenz.

Glauben ist innere Stärke

Wie jede Haltung findet die Glaubenshaltung ihren konkreten Ausdruck in meinen Stärken. Im Kern geht es darum, meine innere Haltung im Tun zu leben, es geht um meine persönliche Berufung und deren Verwirklichung in meinem Auftrag. Lebenssinn finden wir, wenn wir uns auf der einen Seite auf unseren eigenen Glauben besinnen und diese auf der anderen Seite leben – in Fürsorge, Zeiten der Liebe, Gemeinschaft mit anderen Menschen oder stärkenden Ritualen.

Wie finden wir unsere innere Stärke und Bestimmung? Dieser Prozess lässt sich nicht erzwingen, er beginnt aber im Innehalten, im aufmerksamen und wachsamen Wahrnehmen unserer Selbst. Ich brauche Zeit und Muße, damit ich auf meine innere Gestimmtheit achten kann und meine

Bestimmung finde. Ich brauche die innere Gelassenheit, um immer wieder die äußeren Befangenheiten zu lassen und mich so wahrzunehmen, wie ich bin. Ich brauche den Mut, um mich mit meinen eigenen Grenzen zu konfrontieren: wie es in Wirklichkeit um mich bestellt ist, wie ich die blinden Flecken meines Lebens sehe und annehme. Ich brauche die ernüchternde Konfrontation mit Gefühlen der Angst, des Ärgers, der Schuld und der Wut, Gefühlen, die immer auch irritierend und bedrohlich sind. Und ich brauche die nüchterne Erkenntnis, dass ich niemals fertig bin. Meine Berufung entwickelt sich immer weiter.

Dieser Wandel werde durch äußere Umstände und Beziehungen forciert – so der Therapeut Jürg Willi. Die innere Vorbereitung ist wichtig, aber sie alleine genügt nicht, um zu wachsen. Unsere persönliche Entwicklung geschieht vor allem auch die Widerfahrnisse des Lebens und das Wachsen in unseren Beziehungen. Diese Umstände setzen in mir eine Entwicklung frei, so wie sie von einem abgefordert werden durch eine schwere Krankheit, Verlust der Arbeit, Leiden und Schicksal. Sie bieten mir die Chance, förderliche und tragende Beziehungen aufzubauen oder mittels Kommunikation und durchgearbeiteten Widerstand am anderen zu wachsen. Schauen wir, wie dies Tobit gelingt.

Meine persönliche Berufung in der Krise entwickeln

Meine persönliche Berufung kann sich schon früh abzeichnen und sich im Laufe meines Lebens weiterentwickeln. Sie kann auch durch eine starke Erfahrung geprägt sein. Manche Menschen erleben in der Krise ihre Bekehrung. In allem geht es darum, dass das innere Feuer in mir lebendig bleibt, gespiegelt im Licht meines eigenen Lebens. Tobit tut das. Sein innerer Name, ihm von Anfang an mitgegeben, entwickelt sich weiter im Schmerz des Herzens und in der Unbarmherzigkeit des Lebens. Er gibt seine Zuversicht nicht auf, dass es Gott gut mit ihm meint. Er verfällt dabei nicht in einen unbeirrten Optimismus, sondern erhält sich in den Wirrnissen, was Zuversicht meint: Er schaut nach vorne und auf die Zukunft hin, weil er eben um die schmerzlichen Widerstände im Leben weiß. Der Name bekommt Kraft in der tiefsten Krise und am Wendepunkt der ganzen Erzählung.

Tobit ist in der Krise. Blind geworden, ist er seiner selbst nicht mehr sicher. Seinen Auftrag, die Stammesgenossen zu beerdigen, kann er nicht mehr erfüllen. Seiner Berufung, gut zu sein, ist er sich nicht mehr gewiss. Den Hungrigen kann er kein Brot mehr geben, er selbst ist auf die Hilfe anderer angewiesen. Seine Frau muss das Geld verdienen und durch Webarbeiten den Lebensunterhalt sichern. Nichts von seinem Namen scheint eingelöst. Tobit und Hanna geraten in einen Streit. Als sie ein Ziegenböckchen geschenkt bekommt, misstraut er ihr. Ist das etwa gestohlen? Gib es zurück! Er ist außer sich und wird rot vor Zorn. Der Streit eskaliert. Nichts von seinem Namen scheint eingelöst: Er, der Barmherzige, hoffte auf Gottes Barmherzigkeit – aber die Menschen zeigen sich unbarmherzig und spotten über ihn, den Blinden. Er handelte als Gerechter Gottes, aber das Leben hat ihn ungerecht behandelt, ihn, den unheilbar Blinden. „Wo sind jetzt deine Werke der Barmherzigkeit? Wo sind deine gerechten Taten? Es ist doch bekannt, was mit dir los ist" (Tob 2,14), verspottet ihn seine Frau. Da wird Tobit unbarmherzig und ungerecht seiner Frau gegenüber. Er nimmt Schuld auf sich und wird mit der Erkenntnis konfrontiert, dass sich in seinem Inneren ein giftiger Fraß festgesetzt hat. Sein Herz ist eng geworden, aus dem Takt geraten und verhärtet durch die Wunden seiner Lebensgeschichte. Doch die Reaktion lässt nicht lange auf sich warten.

„Da wurde ich in der Seele tieftraurig, ich seufzte, weinte und begann unter Seufzern zu beten", reagiert Tobit (vgl. Tob 3,1). Es reicht. Er ist seines Lebens überdrüssig. Tieftraurig ist er, seiner selbst nicht mehr sicher. Und doch vertraut er seinem Gott. Gott ist größer als die Not. Die Not gebiert Vertrauen, im Gebet sucht Tobit die Zuwendung Gottes. „Wende dein Gesicht nicht von mir ab, o HERR!", so bittet er nun inständig und von Herzen. Das ist der Glaubensgrund, auf den Tobit sich nun stellt.

Im Glauben reifen

Die Kraft seiner Bitte macht mir den inneren Glaubensprozess deutlich, den Prozess eines Menschen, der am Leben gereift ist. Da ist kein gutgläubiger Optimist mehr, da ist einer, der an der Trauer fast scheitert und trotzdem vertraut. Da ist einer, der sich unter seinen Schmerzen windet und trotzdem zuversichtlich Gott sucht. „Schau auf mich!", sagt er dem HERRN. „Schau mich an, damit ich dich wieder sehen kann." Seine große Not und seine ganze Ohnmacht hält er hin, hoffend, dass der Barmherzige ihn ansieht. Er nimmt Gottes Wohlgefallen vorweg, auch wenn es sich jetzt für ihn noch nicht erfüllt hat. Jetzt ist der Augenblick, in dem er hofft, dass Gottes Auge auf ihn sieht, ein Auge, das unendlich liebevoll und barmherzig ist, weit geöffnet und ihm zugewandt ist. Ist es nicht die Erfahrung der Gnade? Gott richtet seinen Blick auf diesen Menschen und Tobit stammelt: „Schau doch auf das Antlitz deines Gesalbten!" (vgl. Ps 84,10)?

Als Zuschauer erleben wir einen Szenenwechsel. Wir werden in den Himmel entführt. „Zu diesem Zeitpunkt wurde das Gebet vor Gottes Herrlichkeit erhört. Rafael wurde gesandt zu heilen" (vgl. Tob 3,16), heißt es lapidar. Im himmlischen Schauplatz dürfen wir schon den ganz anderen Gott sehen, den Gott, der heilt und stärkt, den barmherzigen Gott, der die Herzen wieder weit macht und stärkt. In diesem Moment wandelt sich die persönliche Berufung des Tobit: gut sein, das heißt nicht mehr nur die guten Gebote Gottes zu befolgen. Der Weg, der jetzt beschritten wird, wird selbst gut sein und am Ende Gottes guten Segen bringen. Seine persönliche Berufung ist es wirklich, Gottes Gut-Sein bis ans Ende zu leben. Als ob es eines Zeichens des beginnenden Weges bedürfte, geht Tobit vom Ort seiner Bedrängnis nach Hause zurück.

Klagend beten

Tobit betet – und wie tut er das! Er hat keinen Lebensrahmen mehr – Israel lebt fern der Heimat im Exil. Er ist verarmt und ohne Perspektive. Sein Körper ist gebrochen, seine Augen sind blind. Die Beziehung zu seiner geliebten Frau ist voll Misstrauen und Häme. Sein Glaube ist gefährdet. Da sitzt er nun, müde geworden und tief traurig, ins Selbstmitleid versponnen und ohne Hilfe, ganz unten und am Ende. Schmerzvoll ist sein Gebet, auch wenn es mit einem Bekenntnis beginnt:

> Gerecht bist du, Herr,
> und alle deine Werke sind gerecht
> und alle deine Wege sind Barmherzigkeit
> und Wahrheit.
> Du bist der Richter der Welt.
>
> Jetzt aber, o Herr, gedenke meiner
> und schau gnädig auf mich!
> Bestraf mich nicht für meine Sünden!
> Durch meine Versehen und die meiner Väter
> habe ich vor dir gesündigt.
>
> Ich war ungehorsam gegen deine Gebote.
> Du hast uns preisgegeben zum Raub
> und in Gefangenschaft und Tod,
> zu Gespött und Gerede und zur Schmach
> unter allen Völkern,
> unter die du uns zerstreut hast.

Auch jetzt sind deine zahlreichen Urteile wahr,
nach meinen Sünden an mir zu handeln.
Denn deine Gebote haben wir nicht befolgt
und sind nicht in Wahrheit vor dir gewandelt.
Jetzt aber, handle an mir nach deinem Wohlgefallen
und befiehl, dass mein Geist von mir genommen
werde.
So kann ich von dieser Erde Abschied nehmen
und zu Erde werden.
Denn es ist besser für mich, zu sterben als zu leben.
Lügnerische Spottreden habe ich gehört,
Tiefe Trauer erfüllt mich.
Herr, befiehl, dass ich entlassen werde
aus dieser Not!
Entlass mich an den Ort der Ewigkeit!
Wende dein Angesicht nicht von mir ab, Herr!
Denn es ist besser für mich, zu sterben,
als viel Not anzusehen in meinem Leben
und Spottreden zu hören.
(Tob 3,2–6)

Klagend beten – Eine Zeit im persönlichen Gebet

Ich nehme mir Zeit und gehe mit dem Klagelied Tobits ins persönliche Gebet. Ich bitte Gott um seine Kraft, dass er mein Herz öffnet und ich mit IHM meine Klage anschauen kann. Ich verweile im Text – betend, klagend, vertrauend. Dazu nehme ich mir die Zeit, die ich brauche.

– Tobit ist blind, traurig und von seiner Umgebung verlassen. Ich stelle mir seine innere Welt vor: seine Trauer, seine Betrübnis, sein Selbstmitleid, seine Einsamkeit, seine fehlende Lebenskraft. Aber auch sein Festhalten an Gott.

- Welche Stimmungen und Gedanken kommen in mir auf?
  Kenne ich diese auch aus meinem eigenen Leben?
Ich suche das Gespräch mit Gott:
- Ich gebe meiner Klage Raum, schaue meine Not und meine Sünde an, die Brüche in meiner Beziehung zu IHM.
- Was will er mir sagen? Wie antworte ich ihm?
Wenn ich kann, formuliere ich meine Bitten an Gott – achtsam und zugewandt. Wenn es gut ist, kann ich Gott für die Frucht dieser Stunde danken. Wenn ich in der Klage bleibe, trage ich IHM diese nochmals vor. ∽

Glaubensstark in der Not

Was für ein Beten! Da sitzt einer ganz unten und traut seinem Gott oben. Da klagt einer bitter und gibt seinen Glauben nicht auf. Er hat den Mut, klagend mit seinem Gott zu reden. Ich könnte es kaum. Deshalb geht Kraft von seinem Beten aus.

Die Gebete der Bibel – Tobits Trauer, Hiobs Klage, die Klagelieder der Psalmen – können uns treue Wegbegleiter in den Krisen und Schwierigkeiten des Lebens sein. Sie leihen uns Worte und Bilder, um in der inneren Bedrängnis eine Sprache zu finden. Diese Gebete trösten, sie geben immer wieder Sicherheit und Halt und leihen einem das Wort. Psalmen sprechen die Tiefenschichten der Seele an – verstörend und bestärkend, verwirrend und festigend. Kaum aussprechbare Gefühle kommen zur Sprache, die Seele weint und will getröstet werden. Durchgebetet, gekaut und neu ausgesprochen werden sie zum Heilmittel in der Mühe des Alltags, bei Tag und bei Nacht. Im Gebet spiegelt sich so unser ganzes Leben wieder. Biblisches Gebet darf zur „Chiffre für alle Widernisse des Lebens" (Erich Zenger) werden.

Tobit spricht dem HERRN, dem menschenzugewandten Gott, seine Not aus. Sein Bekenntnis bleibt: Gott, der HERR, ist barmherzig und gerecht. Doch jetzt ist er im Zweifel, sieht sich als Sünder und stellt sich vor seinen Richter. Tobits Sünde – worin besteht sie eigentlich? – und die Sünde des Volkes Israel überlagern sich. Häme ergießt sich über Israel, Gespött und Gerede. Die Weisung Gottes hat es vergessen. Israel hat keinen Gott mehr, das ist die wahre Schande! Weil dem so ist, leidet Tobit mit. Weil er vor Gott gerecht sein will, hat ihn die Sünde Israels getroffen und ihn in die bitterste Not und Verzweiflung gerissen. Die Wahrheit, die er ausspricht, ist bitter für ihn. Müde und misstrauisch geworden, ist sich Tobit seiner nicht mehr sicher. Er, der Fromme, im Glauben verunsichert, spürt seinen Gott nicht mehr. Das ist seine Sünde. Hat ihn nicht Gott deswegen verlassen? Der Auswurf der Welt hat seine Augen blind gemacht. Trauer erfüllt sein Innerstes. Er hat keine Lebenskraft mehr. Sein Lebensgeist ist ihm genommen. Der Todeswunsch greift um sich. Das Grab ist ihm näher als das Leben. Kaum ein Gebet der Bibel drückt solche Niedergeschlagenheit und Todessehnsucht aus.

Klagend im Gebet

Tobit klagt. Das Jammern über sein Schicksal ist nicht von Dauer. Er will nicht bemitleidet werden. Er geht weiter, in die Tiefe seiner Seele und seiner Beziehung zu Gott. Mit IHM geht er in die Klage. Wer Gott sein Leid klagen kann – das wird mir hier deutlich –, der hat keine Angst vor Gott, der fürchtet sich nicht vor ihm, sondern wagt den Kampf. Wer so klagt, der kann von Gott nicht lassen. Gott mein Leid zu klagen, ist mein gutes Recht.

Tobits Gotteserfahrung wandelt sich. Ich höre, wie er seine Not dem Fernnahen zuschreit, wie er den Anwesend-Abwesenden ruft. Tobit trägt sein grausames Schicksal vor Gott. Wer nicht mehr sieht, der kann auch Gott nicht mehr sehen: „Hast du mich denn ganz verlassen?" (vgl. Ps 22,2). Wer keinen sozialen Rückhalt mehr hat, der sieht die Sünde seines Volkes umso mehr. Ausgeschlossen von seiner Familie und seinem Volk stirbt er den sozialen Tod: Anfeindung, Missachtung, Einsamkeit, Häme und Spott sind ihm gewiss. Die lügnerischen Spottreden der Feinde kann er nicht mehr aushalten, so sehr haben sie sich in seinen Gedanken festgesetzt. Sie schütteln über ihn den Kopf. Sie verziehen die Lippen. Selbst die Freunde aus dem Volk Israel sind treulos. Rechtsnot und Schande, Isolierung und Exil, der Spott und das Gerede der Sieger setzen ihm zu. Er sieht, dass er sich versündigt hat. Doch Gott schweigt, sein Handeln ist dunkel und rätselhaft. Hat Gott ihn denn nicht vergessen und sein Gesicht von ihm abgewandt? Voller Bitternis wendet er sich an IHN.

Seine innere Not ist groß. Er hat alle Vitalität und Lebenskraft verloren. Sein Geist, der Lebensatem, ist am Ende, macht ihn kraftlos und tot. Ein unerhörter Gebetswunsch wird in ihm laut: Gott soll ihm den Tod schicken. Das hat sich noch keiner getraut. „Mach dem Ganzen ein Ende!"
Der ganze Mensch ist getroffen. Krankheit und Finsternis der Augen, Armut und Hunger, Trauer und Todessehnsucht suchen ihn im Innersten heim. Wir dürfen als ganze Menschen beten, mit allen Stimmungen und Regungen, das lehrt mich dieses Gebet, bei dem Angst und Vertrauen so nahe beieinander liegen. Alle Gefühle dürfen ausgedrückt werden. Körper und Leib haben Platz im Gebet: das Herz pocht, die Knochen sind am Ackerrand hingestreut, ich bin nur noch Haut und

Knochen. Die Kräfte, die an einem reißen und in einem zeh-
ren, dürfen in Kraft raubenden Bildern ausgedrückt werden:
Sie sind wie wilde Hunde, eine Rotte von Verbrechern, giftige
Biester. Die Lebensmüdigkeit nimmt sich den Raum: Ich bin
trocken wie eine Scherbe. Die Kräfte, die mir das Leben nehmen, ziehen mich in die tiefen Wasser hinab. Alle Kraft fehlt,
das Leben ist weg, ganz erschüttert ist der Beter vom Rufen
(vgl. Ps 69,4). Sein Auge ist trübe vom tränenlosen Weinen,
so müde und kraftlos ist er. Mit Leid ist seine Seele gesättigt.
Sein Innerstes ist schwach. Die ganze Niedergeschlagenheit
kommt in den sich überlagernden Bildern und Erfahrungen,
Gefühlen und Haltungen zu Wort. In seiner Not erleidet er
Schmerz und steht an der Schwelle des Todes, so wenig Leben ist in ihm, bei Tag und bei Nacht. „Hat mich Gott nicht
verlassen? Siehst du mich noch?" So darf der Beter rufen.

Klage heilt

In dieser Klage setzt innere Heilung an. Tobit spricht aus, was
andere sich kaum auszusprechen trauen. Fragend, bittend,
anklagend nimmt er wahr, wie tief traurig er ist. Seine Seele
weint. Er öffnet sein inneres Auge einer bitteren Realität. Er
schaut in den Abgrund, in die kaum aussprechbaren Tiefen
seiner selbst. Es ist Chaos in ihm. Die feindlichen Mächte,
nicht nur die äußeren, sondern auch die inneren, haben ihn
überwältigt. Indem er so auf sich schaut, wird er enttäuscht:
war er vielleicht voller Großmannssucht und überheblich, in
seiner Barmherzigkeit voller Selbstsucht, in seinem gesetz-
testreuen Perfektionismus voller eitlem Wahn? War das sein
Versehen? Ohnmacht tut sich in ihm auf, eine Ohnmacht, die
das ersehnte Angesicht Gottes ganz anders aufscheinen lässt.
Klage reinigt. Wer klagt, wiederholt sich, fleht und spricht

immer wieder seine Not aus, weint unter Tränen und arbeitet die Regungen seiner Seele durch. Ich lasse meine Begrenztheit zu, um mich neu als Mensch annehmen zu lernen. Wer klagt, erlebt seine Not und geht in die heilende Selbstdistanz zu sich selbst. Klage befreit. Indem ich dem Leid entgegentrete, nehme ich es an und verändere mich. Klage öffnet mich für mein wahres Selbst, für die bedürftigen und heilenden Seiten in mir und für Gottes heilende Nähe. Die Hoffnung, dass sich die Verhältnisse ändern, wird stark. Mein Herz darf wieder barmherzig sein und offen werden für Gott. Wer so seine Wirklichkeit annehmen lernt, fängt an, sein Inneres zu stärken.

Meine Seele weint – Im inneren Kampf

Viele, die dieses Beten bis heute pflegen, verstehen es auch als ein Zeichen des inneren Kampfes. Sie beziehen die gegnerischen Kräfte nicht auf die äußeren Feinde, sondern auf die widerstreitenden Kräfte in ihrer Seele.

Ob ich es will oder nicht, Gedanken, Gefühle, innere Antreiber und blockierende Glaubenssätze steigen in mir auf. Gerade in der Bedrängnis werden blockierende Glaubensmuster deutlich. Ich kann Verantwortung für meine eigenen Gefühle wahrnehmen, auch für die tiefer liegende, oft widerstreitende Grunderfahrung von Angst und Vertrauen, Wut und Liebe, Ärger und Zuversicht, Lethargie und Tatkraft. Deshalb muss ich einen echten Kontakt zu mir selbst aufbauen und die tieferliegenden Bedürfnisse und Wünsche wahrnehmen: den Wunsch nach Freiheit und Versöhnung, nach Ehrlichkeit und Wertschätzung, nach Verständnis und Geborgenheit, nach innerem Frieden und Harmonie mit anderen. Dieser Prozess kann durchaus schmerzhaft sein, denn ich übernehme ja die Verantwortung für mich, ärgere mich vielleicht über meine Schattenseiten und muss mutig herausfinden, was ich wirklich will. Souveränität entsteht erst durch innere Klarheit.

Friedemann Schulz von Thun hat für diesen Kampf das Bild vom inneren Team geprägt. Es sind – gerade in Krisen und Konflikten – verschiedene Stimmen in mir da. Einige sind laut, andere kommen ganz leise daher. Einige drängen sich nach vorne, andere nehmen wir erst spät wahr, einige sind willkommen, andere wollen wir gar nicht erst wahrhaben. Diese Stimmen sind oft im Widerstreit. Sie drücken verschiedene Motive, Gefühle, Wünsche und Handlungsoptionen in uns aus. Doch wir können sie miteinander ins Gespräch bringen und die Selbstheilung in uns fördern.

Auch jetzt sind deine zahlreichen Urteile wahr (vgl. Tob 3,5) – Mit meinen inneren Stimmen ins Gespräch kommen

Schulz von Thun führt eine „innere Ratsversammlung" durch und gibt dabei folgende, aufeinander aufbauende Empfehlungen:

1.) Identifizieren Sie die verschiedenen inneren Stimmen in Ihnen! Lassen Sie dabei Pluralität und Widersprüche zu. Bewerte nicht, höre hin! Sie sind Teil Ihrer selbst, so, wie sie sind.

2.) Nehmen Sie die verschiedenen Stimmen und Konflikte Ihres inneren Teams aufmerksam wahr: die Hauptdarsteller und Nebenrollen, die auf und die hinter der Bühne.

3.) Bringen Sie die verschiedenen Argumente miteinander ins Gespräch und lassen Sie die freie Diskussion zu. Die

Stimmen können miteinander kommunizieren. Achten Sie auf die wahren Bedürfnisse. Jede Stimme, auch die, die destruktiv scheint, trägt einen förderlichen Impuls in sich.

4.) Lassen Sie im Dialog des inneren Teams eine Reihe von Lösungen zu. Bewerten Sie nicht vorschnell.

5.) Führen Sie sich selbst! Nur Sie können es. Sie selbst können Abstand nehmen und Ihre innere Welt anschauen, reflektieren und eine Lösung erarbeiten.

6.) Prüfen Sie, was jetzt stimmig ist und wie die verschiedenen inneren Bedürfnisse zum Zuge kommen oder auch nicht. Entscheiden Sie, was Sie tun wollen.

Üben Sie diese Schritte für sich an Ihren eigenen inneren Stimmen ein, die Sie im Umgang mit Tobits Gebet gehört haben. Was sagen Ihre eigenen Stimmen, die Stimmen der Umgebung, die Stimme Gottes? Schauen Sie auf Ihre eigenen Stimmen: Was ist stärker – die Klage oder die vertrauensvolle Bitte? Wo sind trotz des Bedrohlichen stärkende Kräfte spürbar? Geben Ihnen die inneren Stimmen einen persönlichen Rat für den nächsten Schritt? ☙

Dieser Weg ist auch der spirituellen Erfahrung nicht fremd. Es geschieht ein Kampf, der das Innerste in unserer Person berührt. Wozu? Damit wir nicht vor uns und in das Selbstmitleid fliehen, sondern Zuflucht finden in Gott, damit unser Herz wieder weit wird und an Spannkraft gewinnt. Die biblischen Beterinnen und Beter stellen sich ihren inneren Stimmen, die sie unruhig machen und umtreiben: dem Zorn, dem Unmut, der Gier, dem Misstrauen, der überheblichen Ich-Sucht, dem Überdruss am eigenen Leben, dem Leid, um so in einen Prozess der inneren Reinigung zu gehen. Sie stellen sich dem Chaos des inneren Teams, dem Widerstreit der inneren Stimmen und dem Kampf gegen den Feind, der das Leben schwermacht. Sie suchen die tägliche Erprobung und Bewährung in diesen Widerfahrnissen, um die negativen Gedanken zuzulassen, den Leidenschaften zu trotzen und allmählich in die tiefere und heilende Kraft der Liebe zu Gott und zu sich selbst zu finden. Sie stellen sich in die heilende Nähe Gottes: in den als widersprüchlich erlebten Anlässen, mit ihren Gefühlen, mit dem, was sie bewegt und bedrängt, in ihrer Gebrechlichkeit und Schmerzen, im Vertrauen auf Gottes Gegenwart jetzt und überall …

Klagend bitten

Keine Klage ohne Bitte – das lehrt mich die Schrift, und zwar vor allem im Gebet. Sieben Mal bedrängt Tobit seinen Gott, er hört nicht auf, ihn immer wieder zu bitten: „Denke an mich! Schau auf mich! Bestrafe mich nicht! Handle an mir! Befiehl! Entlasse mich! Handle!" Die Bitte kommt fast im Befehlston daher, energisch wird sie von ihm vorgetragen. Und gleichzeitig schlägt in seiner Bitte Vertrauen durch und besiegt seine ohnmächtige Klage.

Tobit öffnet sich der Realität, auf dass Gott sein Auge auf ihn richtet. Er muss sich nicht mehr vor sich selbst schämen, weil er auf Gottes Barmherzigkeit setzt. Er durchbricht die Dunkelheit, weil er auf Gottes Licht baut. Tobit hält die Gottferne aus und setzt auf die Zuwendung Gottes. „Wende dein Gesicht nicht von mir ab!", so seine letzte Bitte. Er hofft auf Gottes Nähe.

In der tiefsten Not nimmt Tobit, der Beter, bei Gott Zuflucht. Er geht in den Widerstand gegen die Not und lässt die

Hoffnung erstarken. Der Beter leidet und steht in Trauer, aber er hofft auch, dass ihm in seinem Unglück wieder ein Licht aufscheinen wird. In extremer Not findet er durch sein Gebet Halt. Auch wenn es auf dem ersten Blick nicht so aussieht, der Beter gibt sich nicht auf, sondern er liefert sich Gott in seiner Not aus. Indem er seine Bitte ausspricht, glaubt er, dass diese sich einlösen wird. Vertrauensvoll nimmt er vorweg, dass Gott heilt und Leben schenkt. Tobit geht einen inneren Gebetsprozess, der ihn neu auf Gott hin öffnet und er tut dies bedrängend, ungeduldig, erwartend, gewiss. In der Erprobung wird sein Glaube stark und wir sehen, dass der innere Weg durch den Alltag und die Wirrnisse des Lebens geht und die Widerstandskraft gestärkt wird. Mühsam ist dieser Prozess, aber im Innern macht er Tobit stark, schließlich findet er wieder zum Leben. Gilt dieser Trost nicht bis heute?

Die Erhörung, wie wir sie aus vielen biblischen Gebeten kennen, tritt für Tobit jetzt noch nicht ein. Nur als Leser erfahre ich, dass Gott handelt und den Engel zur Heilung schickt. Tobit muss noch einen weiten inneren Weg gehen, bevor er Gott danken wird. Er muss seinen Sohn ziehen lassen. Seine wirtschaftliche Situation bleibt noch lange ungewiss. Die Beziehung zu seiner Frau ist weiterhin schwierig. Die Heilung lässt auf sich warten. Dennoch gibt er sein Vertrauen nicht auf. Er geht den weiten Weg der Reifung, mühsam und lange, aber mit wachsender innerer Stärke.

Klage ist Glauben. Die großen Erfahrungen des Betens tauchen in mir auf: Gott hören – Gottes Angesicht suchen – Gott klagen – Gottes Gedenken herbeisehnen – Gottes Handeln erhoffen. Es sind diese Erfahrungen, die die Betenden der Bibel in mir anklingen lassen. Es geschieht ein Prozess des Reifens in den Widerständen, Widerfahrnissen und Krisen des Lebens, der die Wende zur Heilung eröffnet.

Die innere Wende

„Zu diesem Zeitpunkt wurde beider Gebet vor Gottes Herrlichkeit erhört. Rafael wurde gesandt, beide zu heilen." (Tob 3,16.17a) Tobits Bitte an Gott findet Gehör. Saras Bitte, dass „der Herr auf sie achte" (Tob 3,15), wird angenommen. Tobias, durch den von Gott gesandten Engel ermutigt, wird sich auf den Weg machen und die Gefahr bewältigen. Eine Wende ereignet sich und es ist eine Wende, die die Beteiligten im Innersten verändert.

Ich will an dieser Stelle eine Geschichte erzählen, die Geschichte von Karin und vom Hören. Karin ist eine erfolgreiche Frau, Mitte 40, ständig unter Strom und beruflich erfolgreich. Und wie es mit solchen Menschen ist, ihr Körper meldete sich: Tinnitus. Zunächst wollte sie dieses Signal gar nicht wahrhaben. Doch es ging nicht. In der Nacht wurde das Pfeifen im Ohr immer lauter. Sie war niedergeschlagen und sah keinen Sinn mehr in der Arbeit, verlor ihre Lebendigkeit. Weil ihr das Hören schwerfiel, zog sie sich immer mehr von ihren Freunden zurück. Sie wurde einsam. Dann kam der Kampf gegen die Krankheit, das volle Programm: Sie besuchte die besten Ärzte, absolvierte einen Stressbewältigungskurs, suchte berufliche Orientierung durch Coaching. In der Kursgruppe machte sie eine befreiende Erfahrung: Während alle über ihre Krankheit sprachen, zog einer der Teilnehmer ein Buch heraus und las es genüsslich. Sie fragte ihn: „Was tust du da?" Er antwortete: „Ich habe es verlernt, gegen meine Krankheit zu kämpfen. Ich liebe sie. Das klingt vielleicht komisch: Ich lebe damit und bin wieder freier. Höre doch einmal, was dir dein Tinnitus sagt." Annehmen wollte sie diese Empfehlung zunächst nicht. Mit meiner Krankheit leben? Nicht mit mir!

Doch in der Stille der Nacht meldete sich das Geräusch und sie hörte einmal genauer hin. Es war gar kein Pfeifen, es war eher ein leises Brummen und dieses Brummen kannte sie aus ihrer Kindheit. War es die Melkmaschine auf dem Hof der Eltern? Oder war es das Wasserrad am Bach, an dem sie als Kind so gerne spielte? Und wie sie in der Welt des elterlichen Bauernhofes wieder ankam, schlief sie seit langer Zeit zum ersten Mal wieder tief und fest. Sie hatte ihren Tinnitus angenommen. In den folgenden Wochen entwickelte sie ihr persönliches Programm: Sie ging wieder in die Natur, die sie so sehr liebte. Sie half auf dem Bauernhof aus und die regelmäßige Arbeit tat ihr gut. Sie kümmerte sich mehr um ihre persönlichen Beziehungen. Sie lebte nicht mehr wie früher und brannte die Kerze nicht mehr auf beiden Seiten ab. Allmählich fand sie wieder mehr Sinn in ihrem Leben.

Ein Prozess innerer Heilung

Karin ist es gelungen, einen inneren Weg zu sich selbst zu gehen. Sie hört auf ihren Gesprächspartner, der ihr den ungewöhnlichen Tipp gibt, mit ihrem Tinnitus in Berührung zu kommen. Sie nimmt des anderen Hilfe an und lernt, nicht mehr verzweifelt gegen die Krankheit zu kämpfen. Sie wird sich selbst treu.

Im Prozess der persönlichen Entwicklung kommen wir mit uns selbst in Beziehung. Wir lernen, uns selbst tiefer zu verstehen. Wir sprechen dann nicht nur über äußere Erlebnisse, sondern auch über unsere Erfahrungen: Beobachtungen, Gefühle, Bewertungen, Wünsche, Ziele. Gelingt uns dieser freie Zugang zu uns selbst, dann können wir auch unsere innere Welt betreten: die Stimmungen, Motive, vitalen Impulse, Entscheidungen … Indem ich in meine innere Welt eintrete und sie erkunde, habe ich nicht nur Wahrnehmungen und Gefühle, ich eigne mir meine Welt an, gerade wenn ich sie in einer belastenden oder verwirrenden Lage durcharbeite. Ich kann besser „meinen Tinnitus annehmen": die schwierige Lage akzeptieren, tiefere Gefühle wie Angst und Trauer beachten, diese aufnehmen und durcharbeiten, der Botschaft meines Körpers trauen und wieder auf andere hören. Ich sehe mich selbst und nicht nur mein Problem. Ich kann mit mir selbst in Berührung kommen.

Den bösen Dämon bekämpfen (vgl. Tob 3,8) – Gegen meine Widerstände angehen

Im besten Falle kann ich sogar meinem bösen Dämon Aschmodai – „den, der alles verdirbt" – in die Augen schauen. Aschmodai hat Sara befallen und droht Tobias zu vernichten. Doch Rafael hilft: Herz und Leber des Fisches werden verbrannt. Der scharfe Rauch verbannt den bösen Geist und Rafael nimmt ihn im hintersten Winkel der Welt gefangen.
Ich frage mich:
- Wie kann ich meinen Aschmodai beschreiben?
- Wer unterstützt mich dabei, meine Schattenseiten und Grenzen anzuschauen?
- Wie vertreibe ich meinen Ungeist?

Indem ich mich selbst erkunde, werde ich innerlich reicher und freier. Klärung wird möglich: Ich überwinde die Betroffenheit und akzeptiere die unangenehmen Seiten in mir. Ich sehe die Unordnung und bringe das Chaos zur Ordnung. Ich komme mehr zu mir. Das Vertrauen in meine eigene Person wächst und ich erhalte einen Zugang zu neuen Seiten des Lebens, so wie Karin es lernte, neu und anders auf sich zu hören.

Als Mensch reifen

Ein Mensch wächst und wird reif, wenn sein Handeln absichtsvoll ist und er mit sich selbst stimmig ist. Der Persönlichkeitspsychologe Julius Kuhl betont, dass wir als reife Persönlichkeiten unsere Wirklichkeit durch Denken und Intuition, durch Konzentration auf das Einzelne und ganzheitliches Wahrnehmen erschließen. Wir haben somit verschiedene Zugänge zur Wirklichkeit. Wir richten uns im Erkennen auch auf das Einzelne. Dieses Erkennen kann gut Fehler und schmerzhafte Erfahrungen aufnehmen; Kuhl nennt es daher das „Fehlerzoom". Einzelne Sinneseindrücke zählen; wir nehmen Neues aufmerksam auf. So lernen wir. Im Fokussieren auf das Einzelne können wir aber auch unruhig werden und uns durch Angst blockieren. Im Gegenpol gibt es die umfassende Wahrnehmung: Hier können wir viele Dinge und Wahrnehmungen vernetzen und in uns integrieren. In diesem Erkennen findet sich unsere gesammelte Lebenserfahrung wieder: Handeln, Gefühle und Erkenntnisse laufen zusammen und werden zu einem sinnvollen Ganzen zusammengeführt. Wir gewinnen einen Überblick über das Leben. Wenn dieses Erkennen aktiviert ist, dann sind wir wachsam und finden zu Trost und Ruhe in uns selbst. Wir kommen mit unserem Selbst in Beziehung und gewinnen Vertrauen in uns, weil es ein Lebensganzes gibt. Wo dieses Vertrauen aber fehlt, kann eine Angst bis hin zur existenziellen Verzweiflung sich in uns breit machen.

Im Spannungspol von Fehlerzoom und umfassender Wahrnehmung liegt der Schlüssel zum Umgang mit Schmerz.

Wir können an Fehlern und Schmerzen wachsen. Wir lenken unsere Aufmerksamkeit auf unsere negativen Erfahrungen, lassen diese zu und nehmen sie an: unsere Angst, Niedergeschlagenheit und Trostlosigkeit. Auf diesem Weg der Wahrhaftigkeit uns selbst gegenüber können wir unsere negativen Affekte dämpfen und zu neuem Zutrauen gelangen. Wir wachsen, wenn wir mit unseren positiven Kräften in Berührung kommen und dabei die negativen Affekte so dämpfen, dass sie uns nicht überwältigen. Dies tun wir vor allem, wenn wir uns selbst beruhigen, neues Vertrauen zu uns selbst gewinnen und dabei Trost finden. Dann integrieren wir den Schmerz in unsere umfassende Wahrnehmung der Wirklichkeit und damit in unser Leben. Wir nehmen die Widersprüche des Lebens in uns auf und lassen unser ganzes Leben zu – so weit Julius Kuhl.

Ist diese Erfahrung nicht der ähnlich, die in der inneren Wende im Gebet geschieht? Schauen wir nochmals auf Tobits Klage und Gebet. Tobit beginnt in der bitteren Klage. Er ist in der Seele tieftraurig. Er seufzt und weint, lässt aber das Beten nicht. Er vertraut seinem Gott: „Jetzt aber, o Herr, gedenke meiner und schau gnädig auf mich." (Tob 3,3) Der Spott der Feinde wirkt weiter. Die Todessehnsucht bedroht seine Lebenskraft. Glaubenszweifel suchten ihn heim. Jetzt, da er seine Sünde bekennt, macht mir dieses Bekenntnis auch Sinn: er betet um Gottes Gerechtigkeit, Erbarmen und Vergebung, weil er weiß, wie er in seinem Inneren vor Gott bitter und ungerecht geworden ist. Er macht sich die liebevolle Zuwendung Gottes bewusst, genau jetzt. Seine Begrenztheit führt ihn nicht in die ängstliche Nabelschau auf sich selbst, sondern auf Gott hin, dem er vertraut und zu dem er umkehrt. Jetzt wendet sich der Fromme betend seinem Gott zu, damit er in der Not Trost finde. Der klagende Tobit richtet seinen

Blick auf Gott. Sein Bekenntnis überwindet die Klage, der Schmerz weicht dem Blick auf die Größe des barmherzigen Gottes. Er ruft seinen Namen an, mit allen Sinnen und mit aller Kraft, sonst würde er nicht sieben Mal dem HERRN seine Bitte vortragen. Weil Gott es gut mit ihm gemeint hat und ihm in der Vergangenheit sein Heil geschenkt hat, kann er auf seine persönliche Heilsgeschichte setzen und in der Verzweiflung nach vorne schauen.

Während ich Tobits Gebet spreche, geht es in mir hin und her zwischen Klage und Vertrauen, zwischen Zweifel und Bekenntnis, zwischen Not und Zuversicht, zwischen Einsamkeit im Herzen und Gemeinschaft im Gebet, zwischen Rückgriff auf Gutes und Vorgriff auf Heilung, zwischen Beten und Leben und Leben und Beten, zwischen Gott und mir und – wie ich hoffe – mir und Gott. Aus dem Leben heraus will solche Klage immer und immer wieder durchbetet werden, im guten Vertrauen und mit wachsender Hoffnung. Ich bete mich regelrecht in den Text hinein und er führt mich in mein Leben zurück. Leben trifft Glauben und Glauben trifft Leben. Das geliehene Gebet verdichtet, was in mir oft über Tage und lange Zeiten geschieht. So finde ich mich, indem ich mir die Worte des Beters zu eigen mache.

Es entwickelt sich ein „Vertrauensprozess" (O. Fuchs), ein Prozess, in dem ich Schritt für Schritt darauf vertraue, dass mir Gottes Vertrauen schon immer geschenkt ist und dieses sich auch weiterhin zeigen wird. So will ich dem HERRN klagen und vertrauen, dass er mich erhören wird. Beten ist damit mehr als Durcharbeiten. Gott wendet sich mir zu. Deshalb darf ich gewiss sein, dass sein Angesicht auch in der Finsternis über mir leuchtet.

„Ich liebe. Denn der HERR hört meine Stimme, mein Flehen um Gnade." (Ps 116,1) „Ich glaube. Auch wenn ich sagen muss: ich bin tief erniedrigt!" (Ps 116,10) „Ich vertraue auf deine Güte; mein Herz soll über deine Hilfe jubeln." (Ps 13,6) Darum weiß der biblische Beter. Während er diese Worte spricht und betet, glaubt und vertraut er. Er setzt auf Gottes Zuwendung, der schon immer Kraft und Glauben schenkt, an diese Zuwendung zu glauben. Als Betender erfahre ich daher: Du sprichst deinen Schmerz aus und lässt Vertrauen zu, indem du dich dem Geheimnis deines Lebens zuwendest, dem Geheimnis, das dich trägt. Ein größeres Vertrauen kann es gar nicht geben.

„Meine Lebenskraft bringt er zurück" (Ps 23,3)

Ein Zeugnis für dieses vertrauensvolle Beten gibt mir heute der Schriftsteller Hanns-Josef Ortheil. In seinem autobiografisch geprägten Roman „Die Erfindung des Lebens" erzählt er, wie sein Vater am Grab seines vierten verstorbenen Kindes steht und der Priesteronkel dem Autor von dieser Situation berichtet. Es konnte keiner mehr an dieser Beerdigung teilnehmen und selbst der Onkel hatte keine Kraft mehr für den priesterlichen Dienst. Der Pfarrer des Ortes übernahm die schwere Pflicht und auch ihm versiegte das Wort unter seinen Tränen. Die Zeremonie stockt, der Schmerz ist allen greifbar. Da tritt der Vater ans Grab, atmet tief durch und betet mit fester Stimme: „Der Herr ist mein Hirte. Nichts wird mir fehlen."

Der Vater ist in der Angstschlucht des Todes. Vier Kinder hat ihm der Krieg aus dem Leben gerissen und seine Frau ist darüber stumm geworden. Selbst der Priesterbruder kann ihm keine Stütze mehr sein. Das Wort versagt, allen ist die Kehle zugeschnürt. Da ist kein Licht im Tunnel, kein Weg, den der Vater jetzt noch einschlagen könnte. Dumpfes Dunkel umgibt ihn, Sinne und Gefühle sind gedämpft, in Schock und Verzweiflung steht er am Grab. Doch er fasst sich ein Wort, das ihm der Psalmbeter zur Verfügung stellt. Er betet den Vertrauenspsalm, wie wir kaum einen stärkeren finden können:

> Der Herr ist mein Hirt,
> nichts wird mir fehlen.
> Er lässt mich lagern auf grünen Auen
> und führt mich zum Ruheplatz am Wasser.
> Meine Lebenskraft bringt er zurück.
> Er führt mich auf Pfaden der Gerechtigkeit,
> getreu seinem Namen.
> Auch wenn ich gehe im finsteren Tal,
> ich fürchte kein Unheil;
> denn du bist bei mir,
> dein Stock und dein Stab,
> sie trösten mich.
> *(Ps 23,1–4)*

Was für ein starkes Bild, mit dem der Beter dem HERRN seinen Glauben bekennt: Der Herr ist unser Hirte. Dem Beter ist dieses Bild – anders als uns heute – noch sehr vertraut. Der Hirte zeigt den Weg und er gibt Orientierung. Er kennt jedes Schaf und kümmert sich um die Schwachen und Jungen. Er beschützt seine Herde. Er zieht alle Schafe an sich und gibt ihnen zugleich Freiheit zu weiden. Dann können sie ihren Rastplatz finden – junges Grün, reichlich Wasser und sichere Wege. Der Beter bewegt sich im Todesschatten, aber in seinem Vertrauen hat er, was ihm gerade fehlt: Lebenskraft. Die Not kann ihm nichts anhaben; er wird zum Leben zurückfinden. Denn eigentlich hat er das Leben jetzt schon: Gott, der HERR, ist ja bei ihm. Er durchdringt ihn, gibt ihm Luft zum Leben.

Von Stimmungsumschwung und heilendem Beten

Zurück zu Julius Kuhl: Er schlägt auch eine Brücke zum Glauben. Als Psychologe beobachtet er, dass Gotteserfahrungen häufig in Zeiten starker Verzweiflung gemacht werden. Es ist, als ob sich heilende Kräfte in dieser Situation freisetzen und das Zerstörerische besiegen. Wir treten mit unserem Urvertrauen in Verbindung, einem umfassenden und uns alle übersteigenden Vertrauen. Dieses religiöse Vertrauen ist die Voraussetzung, um Schmerz wahrhaft anzuschauen und in unser Leben zu integrieren. Es ist unverfügbar und geht über uns hinaus. Es kommt aus der Tiefe des Menschen und stützt uns als Person, weil es uns gleichzeitig übersteigt. Es ist uns geschenkt. Wir finden wieder Sinn – auch im Schmerz. Die innere Erfahrung kann zur Glaubenserfahrung werden.

Lebenskraft im Glauben

Ich kenne die Angst, die mich blockiert. Ich kenne den Schmerz und die Schuld. Ich kenne aber auch den Trost und die Ruhe, die im Gebet als Gegenort wachsen. Hier finde ich wieder zum Leben zurück und meine Lebenskraft kann sich entfalten. Im Beten entsteht mir neue Lebensdynamik und gibt mir neue Kraft zum Leben. Ich vertraue dem Leben – in der Nähe Gottes.

„Jetzt aber, handle an mir", betet Tobit. „Achte auf mich, HERR!", betet Sara zur gleichen Zeit. Im Bitten geben beide einen Vorschuss an Vertrauen, dass sich Gottes Handeln an ihnen vollziehen wird. Das Blatt wendet sich.

Der Umschwung, an dem der Erzähler uns teilnehmen lässt, findet nicht nur im Menschen statt. Gott selbst ändert sein Handeln. Der HERR wendet sein Angesicht dem Glaubenden zu. Er gibt ihm inneren Frieden und Sicherheit. Er zeigt ihm seine Größe. Er lacht sogar über die Feinde, wie der Beter erstaunt feststellt:

> Du aber, HERR, lachst über sie,
> du spottest über alle Völker.
> Meine Stärke, an dich will ich mich halten,
> denn Gott ist meine schützende Burg. (Ps 59,9f.)

Gotteserfahrung in der Wende

Ich erschließe mir dieses Gebet:
- Wie wird der HERR beschrieben? Was tut er?
  Welche Haltung nimmt er ein?
- Welche Dynamik drückt das Bild von der Burg aus?
- Was tut der Betende?

Gott lacht. Der HERR geht in die innere Distanz zu den feindlichen Völkern. Für die Feinde hat er nichts mehr übrig – Zorn und Aggressivität, sie zu vernichten, sind nicht mehr notwendig. Gott, der eine starke und schützende Burg ist, ist der wahre Halt für den Beter. Die innere Distanz führt zur eigenen Stärke zurück. Indem der Beter so betet, darf er sich geborgen wissen und wird stark. Im Leid wird er getröstet. Er braucht die Wut auf die Feinde nicht mehr. Mit Gott kann er sogar über sie lachen. Dieses Wachsen ist mehr als Durcharbeiten und Heilung durch die Zeit, mehr als das helfende Gespräch mit anderen. Es gibt Kraft nicht nur am Ende eines mühsamen Durcharbeitens, sondern mitten im Leid. Während der Betende noch grübelt und in seinen Ängsten gefangen ist, erinnert er sich, dass der HERR seine Stärke und seine Burg ist. Wie konnte er das vergessen? Seine Stimmung wandelt sich. Klage bricht und wird zum Jubel. Angst wird zum Mut, Trauer zur Hoffnung. Die Hoffnung wärmt die Seele. Gottes Trost hebt das Dunkel der Seele in ein neues Licht. Achte ich wachsam auf die biblischen Gebete, so fällt mir auf, wie oft sich das innere Erleben der Betenden dreht und sich schließlich wendet. Der Beter macht die Erfahrung der inneren Wende, die man heute den „Stimmungsumschwung" nennt. Und mir fällt auf, wie oft der Beter sein kraftvolles „Ich aber" seinen widrigen Lebensumständen und seiner Niedergeschlagenheit entgegensetzt. Es geschieht etwas im verborgenen Zentrum des Herzens, in dem der Mensch Gottes „du aber" erkennt. Dieses Innerste ist der Bereich, der nicht mehr berührt ist von Schmerzen und Fehlern, sondern unversehrt. Es ist der Bereich, in dem eine verborgene Würde und innerer Friede liegen, wo die Schönheit eines Menschen beschützt ist. Hier ist der Kern der Person, in dem wir trotz drängender Schuld unsere Unschuld bewahren, wo uns im Angesicht Gottes das Licht der inneren Schau geschenkt ist. Im Kern der Person sehen wir unser wahres Selbst, weil uns das Angesicht Gottes sieht.

Überall ist Gott gegenwärtig und seine Gegenwart bedeutet Bewahrung und Schutz. Das Herz erfährt tiefe Geborgenheit und Weite zugleich, ruht an der Quelle und streckt sich in Sehnsucht aus. Trotz der Angst ist ihm trostvolle Nähe geschenkt. Das ist der Wendepunkt im Gebet, denn inmitten der Klage dringt es aus dem Frommen heraus: „Ich aber bin Gebet" (vgl. Ps 109,4b). Er ist mit Gott. Er durchbricht den Teufelskreis seines inneren Unfriedens, auf dass sein Schrei des Gebetes ein andächtiges Schweigen wird und trostvolles Leben. „Du aber, Gott und HERR, handle an mir, wie es deinem Namen entspricht!" (Ps 109,21) Er setzt auf Gott. Der Gottesname ist Gegenort der Angst. Ihn auszusprechen und geschenkt zu bekommen, das heilt. Denn bei Gott ist die Zeit schon nahe, dich zu heilen. Dann geschieht in der Seele das, was Gottes Handeln meint: das Leben wird gut.

Dankbar geheilt

Unsere Geschichte von Tobit und Tobias nähert sich dem guten Ende. Tobias hat den langen und gefahrvollen Weg der Heilung schon hinter sich. Auf diesem Weg hat er wieder zu seiner Lebenskraft gefunden, zu einem reiferen Glauben und zu innerer Stärke, denn intensive und prägende Erfahrungen haben ihn auf dem Weg in seine Zukunft hinein gestärkt: Er trotzt dem Abenteuer und der Gefahr, besiegt die todbringende Macht des Dämons und wagt die zunächst aussichtslose Ehe mit Sara. Zwischen Angst und Vertrauen, Fixierung auf die Not und die Weite eines gelingenden Lebens, zwischen Festhalten am Bewährten und Wagnis des Neuen gelingt es ihm, seinen konkreten Auftrag und seine wahre Berufung zu leben.

Tobias findet so nicht nur den verlorenen Schatz, sondern auch zu innerer Stärke. Das verlorene Geld ist das geringste Übel in der Not; viel mehr haben wir es mit der Gefährdung des inneren Lebens und der Verarmung der Seele zu tun. Tobias wagt den inneren Kampf. Dort, wo der Übergang zu einem neuen Lebensabschnitt ansteht, am Ufer des Flusses, packt Tobias beherzt den Fisch, er wagt die Gegenwehr und vernichtet die Bedrohung. Er macht den Fisch zur Nahrung und stärkt so seine Lebenskraft; er bewahrt die Innereien auf und macht diese zum Heilmittel für sich und für andere. Hier, am Flussübergang, wird der junge Tobias zum Mann. Beherzt anpacken – das ist für ihn ein Mittel, mit der Gefahr umzugehen.

„Hab keine Angst, dieser Weg ist schon immer für dich bestimmt gewesen", spricht ihm dabei der Engel zu. Er vertraut sich der Führung seines Helfers Rafael an. Der ist für ihn die gute Macht, mit der er seine Angst im Kampf gegen den Fisch überwindet und sich und andere heilt. Er traut dem Engel, der ihm sagt, wie er den Fisch und den bösen Dämon besiegen kann. Denn Tobias erfährt im Engel Begleitung und Unterstützung: Der Engel ist ihm praktischer Helfer und Türöffner zum Himmel zugleich. Der Engel zeigt ihm, wie er andere heilen kann, und wie er zu neuem Glauben findet: „Wenn du deine Frau gefunden hast, dann betet zu Gott um sein Erbarmen."

Tobias setzt auf die rettende Kraft des Glaubens. Wo immer das Leben bedroht wird – am Fluss wie auch in der Hochzeitsnacht – baut er darauf, dass Gott ihn heilen wird. Denn Gott wird helfen und sein Erbarmen zeigen. Aus dieser Glaubenszuversicht kann Tobias offen werden für seine wahre Bestimmung. Der Plan, das Geld zu holen, wird geändert und ein neues Lebensziel gefunden: Der Engel führt Tobias Sara zu. Jetzt erfährt er innere Zugehörigkeit, Verbundenheit und Zuneigung, er wächst zu wahrer Liebe. Dazu muss aber der böse Dämon besiegt werden, sich die Macht des ungezügelten Eros in Zuneigung und Liebe wandeln. Diese Liebe stärkt beide und Tobias und Sara gründen diese Liebe in Gott. „Steh auf, lass uns beten, damit der Herr Erbarmen an uns hat. Denn ich nehme dich aus wahrer Liebe zu meiner Frau." (vgl. Tob 8,4.7)

Zuversicht nach vorne, innere Stärke, Unterstützung und heilende Nähe, Gottvertrauen und neues Leben in Liebe – diese existenziellen Lebenserfahrungen sind für ihn die Mittel zur Heilung. Sie machen ihm gewiss, dass sich der Weg als gut erweist.

Die Heilung

Rafael und Tobias sind noch auf dem Weg, das Zuhause ist aber schon in Sicht. „Du weißt, wie wir deinen Vater zurückgelassen haben", sagt der Engel (vgl. Tob 11,2) und wir denken sofort an dessen Blindheit und Niedergeschlagenheit zum Tode, aber auch an dessen grenzenlose Zuversicht. Wir wissen, dass Tobit davon ausgeht, dass die Sache ein gutes Ende haben wird. Aber wie?

Jetzt erleben wir immer wieder Szenenwechsel, verschiedene Beziehungen laufen vor uns ab. Die Mutter sieht ihren Sohn, läuft ihm entgegen und erfährt jenen inneren Frieden, den sie zur Erfüllung ihres Lebens noch braucht. Gestärkt sagt sie – ganz paradox – zu ihrem blinden Mann: „Schau! Die beiden kommen zurück!" und macht Tobit Mut. Rafael weist Tobias an, wie er seinen Vater heilen soll nach den besten Regeln der damaligen Heilkunst: „Gib ihm die Fischgalle in die Augen und er wird wieder sehen." Auch der alte Vater Tobit, tollpatschig wie er ist, bleibt nicht untätig:

Auch Tobit stand auf. Er stolperte über seine Füße, fand aber aus dem Hoftor heraus und Tobias ging auf ihn zu. Die Fischgalle in seiner Hand, blies er in Tobits Augen, hielt ihn fest und sagte: Mut, Vater! Er legte das Heilmittel auf und gab es darauf. Dann schälte er mit seinen beiden Händen die weißen Flecken aus den Augenwinkeln und Tobit fiel ihm um den Hals, er weinte und rief Tobias zu: Ich kann dich wieder sehen, Kind, du Licht meiner Augen! Und er sagte: Gepriesen sei Gott! Gepriesen sei sein gewaltiger Name! Gepriesen seien alle seine heiligen Engel! (Tob 11,10–14)

Das Wunder der Heilung geschieht. Der Vater macht sich auf den Weg. So wie er stolpert und umhertappt erleben wir nochmals seine ganze Bedürftigkeit. Er will geheilt werden und traut dem Zuspruch seiner Frau. „Schau! Dein Sohn kommt zu dir nach Hause und sucht dich." Tobit bringt alle Voraussetzungen für einen therapeutischen Prozess mit sich, seinen Willen und die vertrauensvolle Beziehung ebenso wie die Mobilisierung seiner letzten Fähigkeiten und Kräfte. Tobias geht auf seinen Vater zu und heilt ihn, zielstrebig und zärtlich. Er haucht ihn an – behutsam nimmt er Beziehung zu ihm auf. Er ermutigt ihn – so spricht er ihm Kraft zu, dass er nicht verzagen muss. Er legt das Heilmittel auf und streicht den Belag aus seinen Augen – so macht er ihn sehend, vor Gott und den Menschen. Wir erahnen, wie stark Tobit geworden ist. Er, der Sohn, ist ein reifer und erwachsener Mann, nun fähig, seinen Vater zu heilen.

Heilung geschieht durch Beziehung

Und der Vater? Er weint. Seine Tränen lösen den Schmerz, sie tragen die Schichten ab, die sein Leben verdunkelt haben, und machen seiner Einsamkeit ein Ende. Der Schmerz, an dem er so lange gelitten hat, quält ihn nicht mehr, sondern ist Teil seines Lebens geworden. Jetzt kann er wieder frei unter den Menschen sein. Die Verbitterung hat keinen Anlass mehr, Misstrauen und Verstocktheit ist der Nährboden entzogen. Er fällt seinem Sohn um den Hals, wagt die intime Berührung. Der Damm bricht. Trauer weicht der Freude. Er weint und wir ahnen, in einer Mischung aus Schmerz und Freude. Die Anerkennung, die er seinem Sohn ausspricht, könnte nicht größer sein: „Du bist mein Augenlicht! Durch dich habe ich wieder mein Leben im Blick und kann es neu verstehen."

Tobit erlebt seine glückliche Heilung. Er trägt den Willen zur Heilung in sich und ihm wird neue Einsicht in sein Leben geschenkt: Sein Sohn ist nicht mehr das kleine, zu belehrende Kind, sondern ein Mann geworden, der ihm sprichwörtlich ein Licht aufgehen lässt, auch sein inneres. Er weint und kommt wieder in Kontakt mit seinen Gefühlen von Trauer und Erleichterung. Seine Hoffnung, die in seinem Glauben gründet, hat sich eingelöst; das Licht der Augen leuchtet wieder – in ihm, in seiner Umgebung, vor Gott. Die körperliche Einsamkeit ist beendet. Zielsicher wagt er die Umarmung. Er ist wieder in der Welt seiner Beziehungen. Jetzt braucht er keine Almosen mehr, seine wirtschaftliche Existenz ist gerettet. Er kann sich wieder aktiv in seiner Umgebung einfinden.

Dankbarkeit

Dankbar und froh ist er nun, seine Gottferne der Gottverbundenheit gewichen. Dem Gotteslob werden Tür und Tor geöffnet: Gottes Größe, seinem gewaltigen Namen, allen seinen Engeln. Freude und Lobpreis, Dankbarkeit und Segen brechen sich die Bahn. Nur wenig später wird er ein Freudenlied singen:

> Gepriesen sei Gott, der in Ewigkeit lebt,
> und gepriesen sei sein Reich!
> Denn er straft und hat Erbarmen.
> Er führt hinab in die tiefste Unterwelt unter der Erde
> und führt empor aus dem großen Verderben.
> Es gibt nichts, was seiner Hand entrinnt.
> Ihr Kinder Israels, bezeugt ihn vor den Heiden,
> denn er hat euch unter sie zerstreut
> und hat euch dort seine Größe gezeigt.

Erhebt ihn vor allem, was lebt!
Denn er ist unser Herr, er ist unser Gott,
er unser Vater, er ist Gott in alle Ewigkeit.
Er straft euch für euer Unrecht,
doch er erbarmt sich über euch alle
unter allen Völkern,
wohin auch immer ihr unter ihnen zerstreut seid.
 Wenn ihr euch ihm zuwendet mit eurem ganzen Herzen
und mit eurer ganzen Seele vor ihm die Wahrheit tut,
dann wird er sich euch zuwenden
und sein Angesicht vor euch nicht verbergen.
Jetzt aber betrachtet, was er an euch getan hat,
und bekennt ihn aus vollem Mund!
Preist den Herrn der Gerechtigkeit,
erhebt den König der Ewigkeit!
Ich will ihn bekennen im Land der Verbannung,
seine Macht und Größe einem sündigen Volk
verkündigen.
Kehrt um, ihr Sünder,
und übt Gerechtigkeit vor ihm, unserm Herrn!
Wer weiß, ob er euch nicht wieder wohlwill
und euch Barmherzigkeit erweist.
Ich und meine Seele,
wir jubeln freudig dem König des Himmels zu,
meine Seele wird sich freuen alle Tage
meines Lebens.
Preist den Herrn, alle Erwählten,
und ihr alle, lobt seine Größe!
Ruft Festtage aus und bekennt ihn!
(Tobit 13,1–8)

Gott danken

Nehmen Sie sich Zeit und meditieren Sie dieses Loblied:
Ich lese den Text langsam und wach, vielleicht kommt er mir sogar als Gebet über die Lippen. Ich hörte mit dem inneren Ohr hin, welche Worte zu mir sprechen. Solche Worte (oder Wendungen) kann ich leise für mich wiederholen und sie verkosten. Anschließend nehme ich mir die Zeit zur Reflexion:

1.) Wie beschreibt Tobit seine Gotteserfahrung? Was ist für ihn der Dreh- und Angelpunkt des Lebens?

2.) Habe ich in meinem Leben auch Erfahrungen gemacht, in denen sich das Los von der Not zum Glück wendete? Wie war meine innere Erfahrung in dieser Zeit – wann war meine Seele traurig, wann war sie stark und voller Lebenskraft?

3.) Welche Worte kommen mir, um meine Dankbarkeit auszudrücken?

Tobit lädt jeden ein, in dieses Lied mit einzustimmen, auch mich. Vielleicht habe ich eine schwierige Zeit durchgestanden und bin wie Tobit jetzt dankbar, dass ich als Mensch gereift bin. Meine Dankbarkeit kann im Alltag aber auch ganz andere Ursachen haben: schöne Erlebnisse im Alltag etwa oder ein gelungenes Projekt, dass ich etwas Sinnvolles getan habe oder mich in einer Aufgabe verwirklichen konnte, meine Freude über einen lieben Menschen oder über meine Familie, die mir Nähe schenkt, Dankbarkeit über kleine Dinge ebenso wie die Erfahrung, dass ich an einem Sonnentag die Schöpfung in meinem Garten sehen darf.

Dankbar für mein Leben sein

Dankbarkeit hat viele Wurzeln und sie weckt in uns das Staunen und die Ehrfurcht über das Leben. Unsere Dankbarkeit wächst, wenn wir uns durch Wertschätzung und Wohlwollen von anderen Menschen getragen wissen. Dankbarkeit kann auch entstehen, wenn wir in den Widerfahrnissen des Lebens Kraft und Stärke erfahren.

Dankbare Menschen sind positiv gestimmt. Dankbare Menschen sind zufriedener mit ihrem Leben, weil sie um den Sinn in ihrem Leben wissen. Sie spüren ihre positiven Emotionen wie Freude, Interesse, Begeisterung oder Stolz. Sie sind an ihrem Leben interessiert und haben stärkere soziale Beziehungen. Sie sind geistig und seelisch gesünder. Dankbarkeit stärkt so die Lebenskraft, sie stärkt meine Selbstannahme und den inneren Frieden.

Wenn wir Tobits Loblied aufmerksam lesen und in uns aufnehmen, dann verleugnet Tobit den Schmerz nicht. Er wurde erprobt „bis in die tiefste Unterwelt", bis in die tiefsten Schichten seines Lebens, um aus diesen wieder aufzustehen. Gott führt ihn dabei. Diese Führung stärkt seine spirituelle Kraft, mit Herz und Seele umzukehren und sich ganz Gott zuzuwenden. Denn am Ende hat Gott für Tobit immer Gutes getan, sogar in der aussichtslosen Situation des Exils. Deswegen seine Ehrfurcht und sein Lob vor Gott, deswegen sein Bekenntnis vor den fremden Völkern: Gott ist der Herr, der Vater und der Ewige. „Ich und meine Seele" – der ganze Mensch jubelt vor Gott. Das Lob bricht aus ihm heraus, überschäumende Freude und nicht pflichtschuldiges Dankeschön, sondern durchlebter und geprüfter Dank. Deswegen stimmt er sein Magnificat an und ruft ein Fest aus.

Dankbarkeit hilft uns, unser Leben gerade in den Widerfahrnissen besser anzunehmen. Durch diese Haltung entdecken wir die unscheinbaren und schönen Seiten des Lebens. Wenn wir dankbar sind, gewinnen wir an Selbstliebe. Wir werden aufmerksamer für die kleinen Dinge des Lebens und für die Beziehungen, die uns tragen. Dankbarkeit stärkt die sozialen Bande und fördert neue Verbundenheit mit anderen Menschen. So kann ein positiver Kreislauf entstehen von Beziehungen, die uns tragen, und die wieder gefestigt werden.

Klar ist: Es gibt Depressionen und hier braucht es professionelle Hilfe. Da hilft kein Schönreden und kein frommer Appell, dankbar für das Leben zu sein. David Steindl-Rast ist ein erfahrener Seelsorger und leidet selbst unter Phasen der Depression. Er formuliert für diese Zeiten Spielregeln, die auch aus seiner geistlichen Erfahrung entspringen: spazieren gehen und sich körperlich betätigen; an einem geregelten Zeitplan festhalten; keine Gefühle der Dankbarkeit erzwingen, weil dies sowieso nicht funktioniert; sich daran erinnern, dass diese Phase vorübergeht; wertschätzend mit sich selbst umgehen; etwas für andere tun. Diese nüchterne Lebenspraxis kann nicht nur in der Niedergeschlagenheit helfen, in der das Herz pocht, die Kraft einen verlässt und die Augen erloschen sind (vgl. Ps 38,10). Sie helfen auch in den Übergängen und Krisen des Lebens.

Wenn wir aber merken, dass wir an einer Krise gewachsen sind und ein Lebensübergang gelungen ist, wenn wir stärker geworden sind, dann kann uns Dankbarkeit im Umgang mit Stress und belastenden Erfahrungen eine Stärke sein, dann können wir diese Erfahrung auch in einem anderen Licht sehen lernen. Dann müssen wir negative Emotionen wie Ärger, Wut oder Feindseligkeit nicht weg reden, sondern können diese schmerzhaften Gefühle annehmen und gleichzeitig die andere Seite des Lebens sehen: die kleine Freude, die fast verschüttete Hoffnung, den Trost, die Zuversicht und unser bleibendes Vertrauen in der Krise selbst. Dann können wir stärker werden im Glauben. Dann können wir gestärkt im Herzen unser Handeln verändern. Oft geht das nur in kleinen Schritten. Indem man sich ein Dankbarkeitsritual am Ende eines Tages angewöhnt oder im Tagebuch einige positive Erfahrungen notiert.

III
Lebensschule
Resilienz

Resilienz, die Widerstandskraft von Körper, Geist und Seele, hat sich uns bis hierher als ein Weg gezeigt, durch den wir persönlich wachsen können. Wie Tobias können wir in den Krisen und Widerfahrnissen des Lebens den Weg der Erlösung gehen. Erlösung hat mit Sich-Lösen und mit Gelöst-Sein zu tun. Tobias löst sich von alten Konventionen, er findet seinen Weg und packt in der Gefahr an, er wagt mutig und vertrauensvoll neue Lebenssituationen wie die Ehe mit Sara und wird schließlich zum Helfer für andere. In allem ist der Tobiasweg immer wieder eine Glaubensgeschichte, dass Gott den Weg zum Guten lenken wird. Widerstandskraft zeigt sich uns in inneren Haltungen: Wenn wir in einem offenen Bewusstsein in unser Leben hineingehen, wenn wir realistisch sind und zugleich die Zuversicht nicht verlieren, wenn wir innere Verbundenheit mit uns selbst, anderen und dem göttlichen Geheimnis leben können. Resilienz zeigt sich zudem in praktischen Stärken wie Selbstsorge, Offenheit für die Zukunft, stärkenden Beziehungen und eigener Wirksamkeit. Wenn ich mich durch Widerstandskraft auf meinem Weg entwickle, dann kann diese Erfahrung eine spirituelle und gläubige sein. Aber wo ist uns jenes unendliche Geheimnis nahe, das wir liebend und glaubend Gott nennen dürfen, jener Gott, der selbst das Dunkel aushält und der Furchtlosigkeit Raum gibt? Gerade dort, wo einer in die Krise gerät, wo einem durch eine lebensbedrohliche Krankheit der Boden unter den Füßen weggezogen wird, wo eine Freundschaft verraten wird, wo beruflicher Misserfolg in eine Durststrecke geführt hat, wo die Seele bitterlich weint und wo eine oder einer im Glauben zweifelt, wo einer trotz allem sein „Ich aber" ausspricht! Dann ist jener Gott nahe, der einen in der Krise nicht alleine lässt. Da können wir stark sein, auch in der Seele. Mein Glaube zeigt sich im Vertrauen, dass unser Leben im Tiefsten getragen ist, aber auch, wenn ich meiner Klage vor Gott Raum gebe. Glaube baut auf meiner vertrauensvollen Zuversicht auf, dass es eine von Gott geschenkte Gnade und Zukunft gibt. Glaube stärkt mich in meinem kraftvollen „Ich-Aber" in der tiefsten Krise, weil der Verzagtheit immer schon Gottes Zuwendung und liebender Blick zuvorkommt. Dann ist jene Kraft wirksam, die im biblischen Glauben Lebenskraft ist: Vitalität, Spannkraft der Seele und Ausstrecken nach Gott.

Wir können diese Lebenskraft stärken. Wir können uns in Widerstandskraft einüben und schulen. Daher ist der dritte Teil meines Buches als praxisnahe Lebensschule der Resilienz angelegt. Der Schwerpunkt liegt auf konkreten praktischen Übungen und Impulsen, die mit anderen im Alltag erprobt wurden. In einer ernsthaften Lebenskrise können sie therapeutische und ärztliche Hilfe nicht ersetzen. Sie können uns aber – zusammen mit den bereits vorgeschlagenen Übungen – in den Widerfahrnissen des Lebens eine Hilfe sein, damit wir stark und liebevoll unseren Weg gehen, der eben ein Weg der Er-Lösung ist.

Lebensräume schaffen

„Ich hatte den Kontakt zu mir verloren", erzählen mir immer wieder Menschen, die durch eine Krise hindurchgegangen sind. „Ein erster, für mich sehr wichtiger Schritt war, dass ich wieder zur Ruhe kam und auf mich achten lernte." Abstand von der Geschäftigkeit zu gewinnen und innezuhalten, ist ein wesentlicher Schritt zur Heilung. In unserem vom Vieltun geprägten Alltag leben wir in einem ständigen Stand-By. Wir können gar nicht mehr abschalten. „Unruhe-Stresssymptom" nennen die Fachleute dieses Phänomen: die (Arbeits-)welt stellt viele Anforderungen gleichzeitig, Beschleunigung und Beanspruchung nehmen zu. Das Ergebnis ist eine breit gestreute Aufmerksamkeit. Notwendig ist aber eine „Ökonomie der Achtsamkeit" (Byung-Chul Han), die unsere Wachsamkeit, den Zugang zu uns selbst und unsere Suche nach Sinn stärkt.

Für unsere körperliche und seelische Gesundheit ist daher notwendig, dass wir abschalten und stabile Zonen in unserem Leben schaffen: Plätze und Orte wie eine vertraute Rückzugsmöglichkeit, eine Ruhebank, eine Kirche; Freunde und Familie; schöne und gute Dinge wie ein Buch oder ein Schmuckstück; stützende Rituale wie Gewohnheiten, Innehalten oder regelmäßige sinnvolle Tätigkeit; Werte und eigene Traditionen; Einfluss, Kompetenz oder Wissen; Zugehörigkeit zu einer Organisation oder Gemeinschaft. Diese Zonen können wir aufbauen und gestalten. Wir brauchen mindestens eine solche Zone, die uns Sicherheit und Ruhe verschafft, uns durch Veränderungen, Enttäuschungen und Krisen hilft und als Anker für uns selbst dient.

Überlegen Sie sich:

- Welche stabilen Zonen habe ich – wirklich? Ich liste mir diese Zonen, die für mich bedeutsam sind, auf. Welche Bedeutung haben sie für mich?
- Wie dauerhaft sind diese Zonen? Wozu dienen sie mir heute? Mein Leben ist im Fluss. Wenn es sich durch berufliche Veränderung, Ortswechsel, neue Beziehungen verändert: können mir meine Zonen eine Stütze und Hilfe für meine Bedürfnisse sein?
- Wozu dienen mir meine Zonen in Zukunft? Werden die Menschen, die mir wichtig sind, es auch in Zukunft sein? Werde ich die Plätze, die mir Geborgenheit und Sicherheit schenken, auch in Zukunft aufsuchen können? Worum muss ich mich jetzt kümmern? Was will ich investieren?

Vertrauen Sie Ihre Überlegungen einem Brief an, der an Ihre Zukunft adressiert ist. Überprüfen Sie in einem halben Jahr, was aus ihnen geworden ist. ∽

Die Frucht dieses Wegs ist, dass eine größere Ruhe und Gelassenheit unser Leben durchzieht. Wir nehmen uns selbst wahr. Wir finden zu einer offenen, freundlichen und fürsorglichen Haltung uns selbst gegenüber. Wir spüren wieder unsere Lebenskraft und hören mehr auf unser Herz. Wir sind wieder mit dem Fluss des Lebens verbunden und können darüber staunen. Mit einem Wort: Wir lieben uns selbst.

Erholen – aber richtig!

Aus der Stressforschung wissen wir: Wenn wir uns nach einer Anspannung nicht gänzlich erholen, sondern in der Erregung verbleiben, werden wir auf Dauer krank. Deswegen ist es wichtig, sich gut zu erholen und abzuschalten.

Sich richtig erholen – dazu gehört, dass ich mir bewusst werde, was mich in welcher Lebenssituation müde macht und an die Grenzen meiner Kraft bringt. Ich kann in einem ersten Schritt prüfen, in welchen Feldern ich gefährdet bin.

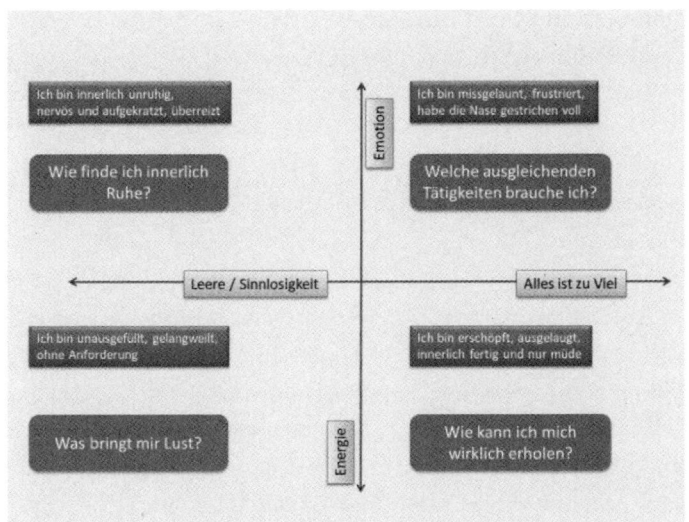

- Ausgleichende Tätigkeiten sind zum Beispiel Tätigkeiten, die vernachlässigte oder brachliegende Fähigkeiten fördern.
- Wirklich erholen werde ich mich, indem ich mich ausruhe und entspanne: ein Bad nehme, ausschlafe, gut esse, mich bewege.
- Sinnvolle und lustvolle Tätigkeiten finde ich, wenn ich Neues lerne oder mich in einem neuen Feld engagiere.
- Innere Ruhe finde ich durch entspannende und nicht aktivierende Tätigkeiten wie bewusste Bewegung, Ausgleichssport, Stille.

Was tut mir jetzt gut? In welchem Bereich werde ich jetzt einen ersten Schritt tun? ✍

Meinen Körper wahrnehmen

Es gibt zahlreiche Wege, meinen Körper wahrzunehmen und diese Zugänge können am besten unter fachkundiger Anleitung, zum Beispiel in Entspannungstrainings vor Ort, eingeübt werden. Arbeitgeber oder Krankenkassen vermitteln.

Wenn ich in einem guten Kontakt zu meinen körperlichen Empfindungen bin, werde ich gegenwärtiger sein. Diese Präsenz sichert mir den Zugang zu mir selbst. Das biblische Verständnis der Seele setzt beim Atem an: Atem ist Lebenskraft, mir von Gott vom ersten bis zum letzten Moment meines Lebens geschenkt. Praktisch alle Wege der Körperwahrnehmung setzen daher beim bewussten Atmen an, lassen diesen strömen bis tief in die Leibmitte hinein. Hierzu eine Übung:

Ich suche mir einen Ort, an dem ich ungestört sein kann. Am besten gelingt diese Übung, indem ich mich in bequemer Kleidung und ohne Schuhe auf eine weiche Unterlage lege. Ich schließe meine Augen.

Ich lasse meinen Atem kommen und gehen und achte auf ihn, wie er beim Einatmen kommt und beim Ausatmen geht. Ich achte darauf, wie tief er ist. Nach einiger Zeit und mit etwas Übung kann ich meinen Atem bis tief in mein Becken hineinströmen lassen. Wo immer ich eine Blockade oder Verspannung spüre, versuche ich nicht, diese krampfhaft wegzubekommen, sondern lasse meinen Atem über meine verspannte Stelle streichen. Ich übe mich darin, mich so wahrzunehmen, wie ich bin.

Mit meinem Atem besuche ich die verschiedenen Partien meines Körpers und lasse ihn dorthin strömen, Schritt für Schritt in meinem eigenen Rhythmus:

- Ich nehme wahr, wie ich mit meinem Becken aufliege und mein Atem in mein Becken strömt und es ausfüllt.
- Von dort aus strömt er in mein linkes Bein hinein, in den Oberschenkel, das Knie, den Unterschenkel, den Fuß bis in jeden Zeh hinein. Ich spüre, wie mein ganzes Bein aufliegt und kehre dann zum Becken zurück. Diesen Schritt übe ich mit dem rechten Bein.
- Zurück im Becken gehe ich Schritt für Schritt meine Wirbelsäule hinauf, spüre, wie ich aufliege und lasse meinen Atem in meinen ganzen Körper hineinfließen, den Bauchraum, den Brustkorb, die Rippen.
- Ich spüre, wie meine Schultern aufliegen. Dann lasse ich meinen Atem in den linken Arm hineinfließen, den Oberarm, das Armgelenk, den Unterarm, das Handgelenk und die Hand bis in jeden einzelnen Finger hinein. Diese Übung wiederhole ich mit dem anderen Arm.
- Ich setze meine Reise über die Halswirbel und meinen Hals fort bis zu dem Punkt, wo meine Wirbelsäule und mein Kopf miteinander verbinden sind.
- Ich lasse meinen Atem über meinen Kopf strömen: den Hinterkopf, meine Ohren, meine Haare, meine Stirn, meine Augen, die Nase, die Lippen und den Mund, mein Gesicht, in meinen ganzen Kopf hinein.

Dann gehe ich nochmals zu meinem Becken zurück, lasse meinen Atem tief hineinströmen und nehme mich wahr, wie ich jetzt da bin. Ich genieße die Wärme und die Kraft, die mir mein Lebensatem schenkt. ∾

Mich sammeln

Ich suche darüber hinaus die Stille, denn Stille schenkt Kraft. Um zur Ruhe zu kommen, braucht es das praktische Üben in der Stille, das erlernt, erforscht und vertraut gemacht sein will. Alle großen spirituellen Traditionen gehen ähnliche Schritte im inneren Verweilen:

Suchen Sie sich einen Ruheort. Nehmen Sie sich regelmäßig Zeit, damit Sie sich sammeln können. Für viele ist das die Zeit des Übergangs vom Tag zur Nacht. Suchen Sie einen Ort, an dem Sie nicht abgelenkt werden und stille werden können. Das kann ein Ort der Meditation zu Hause sein; für andere ist es eine Zeit im Garten in Berührung mit der Schöpfung oder das bewusste Gehen, das sie zur Ruhe kommen lässt.

Achten Sie auf Ihren Atem. Atem ist Lebenskraft und stärkt die Spannkraft der Seele. Suchen Sie eine Körperhaltung, die Ihnen bewussten Atem ermöglicht und die Sie entspannen lässt. Lassen Sie Ihren Atem kommen und gehen. Achten Sie darauf, wie tief Sie atmen.

Bleiben Sie im Schweigen. Schließen Sie Ihre Augen oder lenken Sie sie auf einen Ruhepunkt, so wie es für Sie gut ist. So wie Ihr Atem im Laufe der Zeit ruhiger und tiefer wird, werden auch Sie mehr zu sich kommen.

Verweilen Sie. Wenn Sie ruhiger werden und zu sich finden, dann ist das ein Geschenk. Manchmal werden Sie aber Gedanken, Empfindungen und Überlegungen ablenken. Diese dürfen sein; halten Sie sie nicht fest. Werden Sie abgelenkt, dann kehren Sie wieder zu Ihrem Atem zurück. In Krisenzeiten kann es sein, dass Ihre Gedanken Sie umtreiben und Sie nicht zu sich finden. Dann ist das so. Entscheidend ist, dass Sie dranbleiben. Verweilen Sie ohne Absicht.

Wählen Sie ein Wort, das Sie trägt. Das kann ein Trostwort, ein Kurzgebet oder ein Schriftwort sein. Sprechen Sie im Innern dieses Wort und bleiben Sie dabei. Lassen Sie dieses Wort mit Ihrem Atem fließen, beim Einatmen und beim Ausatmen. Sprechen Sie es immer wieder in Ihrem Inneren. Für die Zeiten der Krise haben die Erfahrenen das Glutgebet nahegelegt, ein Gebet aus dem Herzen, das zum Schatz der Kirche geworden ist: „O Gott, komm mir zur Hilfe, Herr, eile mir zu helfen!" (Ps 70,2)

Üben Sie sich. Sollten Sie nicht zur Zeit der Stille kommen, machen Sie sich keine Vorwürfe. Üben Sie weiter. Wenn es Ihnen geschenkt ist, dass Sie in sich ruhen können und vor Gottes Angesicht dastehen, seien Sie dankbar. Wenn nicht, seien Sie dankbar, dass Sie sich selbst üben.

Dann gehen Sie in Ihren Alltag zurück; die Ruhe wird Sie stärken, Ihren Alltag zu leben.

Wachsam
auf mich achten

Gottes Gegenwart erfüllt mich überall und allezeit, auch wenn dies in den schwierigen Zeiten des Lebens nicht so aussehen mag. Jeder Tag meines Lebens ist wertvoll, bei Tag und bei Nacht bewege ich mich unter den Augen Gottes, so wie ich bin. Daher will ich wachsam auf mich achten: Was sagt mir mein Körper? Stören mich bestimmte Verhaltensweisen bei mir oder bei anderen? Welche Gefühle, Empfindungen und innere Einstellungen melden sich heute und welche Botschaft geben sie mir? Bin ich auf bestimmte Dinge fixiert oder bin ich innerlich frei und im Frieden mit mir? Wie ist mein Lebensgefühl? Voller Unsicherheit oder voller Trost?

Wer in die Wirrnisse des Lebens verstrickt ist, sieht in der Regel die Wirklichkeit einseitig. Das Negative kann leicht überhand nehmen und es fehlt der innere Ausgleich. Es fällt uns dann schwer, die Früchte des Alltags zu entdecken und anzunehmen. Ich will in dieser Situation nicht vorschnell handeln, sondern wahrnehmen und mich prüfen: Was hindert mich am Leben? Was dient dem Leben? Auch meine Ohnmacht und meine Unsicherheit wird mich das Leben lehren. Wenn ich nicht übereilt handle, werde ich die Wirklichkeit so, wie sie ist, mit weniger Angst anschauen. Ich werde das Gute, das mir gelungen ist, dankbar annehmen und das weniger Gute verwandeln lassen. Der Weg, den ich gehe, ist nun mein Weg und nicht mehr der Weg, der von außen erwartet wird. Dazu will ich meinen Alltag wachsam wahrnehmen und mich prüfen, Tag für Tag. Eine gute Hilfe ist der Tagesrückblick, der in der Tradition des Gebetes der liebenden Aufmerksamkeit steht.

– Ich stelle mich in die Gegenwart Gottes und sammle mich. Ein Ritual wie das Hinhalten meiner offenen Hände oder ein kurzes Gebet helfen mir, mich unter die Augen Gottes zu stellen und meinen Tag, so wie er ist, anzuschauen.

– Ich nehme den Tag in den Blick, was gelungen und auch was weniger gelungen ist. Ich lasse einzelne Geschehnisse nochmals an mir vorbeiziehen und bewerte sie nicht. Ich schaue an, was mich jetzt bewegt.

– Ich stelle mich vor Gott. IHM gebe ich meinen Tag zurück, fragend, klagend, dankend. Ich danke ihm für das, was gelungen ist und gebe ihm das, was weniger gelungen ist, in seine Hände mit der Bitte, es ganz zu machen.

Ich beschließe den Tag mit einem persönlichen Ritual oder Gebet, auch um Schutz in der Nacht und Hilfe am kommenden Tag. ◡◡○

Im Gespräch mit meiner Seele

„Meine Seele wird sich freuen alle Tage meines Lebens" (Tob 13,10) – resümiert Tobit am guten Ende. Doch wie finden wir einen Zugang zur Freude unserer Seele? Im biblischen Sinne zeigt sich unser Seelenleben umfassend: durch Lebendigkeit und Lebenskraft, durch geistige Spannkraft und glaubensstarke Sehnsucht nach Gott. Ich öffne mich für die Freude und Lebendigkeit meiner Seele: wenn ich in Kontakt mit meinem Körper bin, wenn ich einfühlend auf mich achte, wenn ich wertschätzend mit mir und anderen kommuniziere, wenn mein Geist Verbundenheit erfährt, wenn durch Resonanz mit mir und meiner Umwelt Sinn entsteht, wenn Beziehungen durch Vertrauen getragen sind, wenn ich Fürsorge und Liebe erfahre, wenn in widrigen Umständen der ganze Mensch mit sich in Beziehung kommt und sein Leben neu ausrichtet. So sind wir beseelt.

Diese Erfahrung können wir meist gar nicht unmittelbar erfassen und beschreiben. Doch im Rückblick werden wir feststellen, dass uns unsere Seele getragen hat. Wir werden erfassen, wo wir auf unsere Seele geachtet haben und wo wir sie vernachlässigten. Wir werden achtsamer für uns selbst.

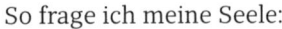

So frage ich meine Seele:

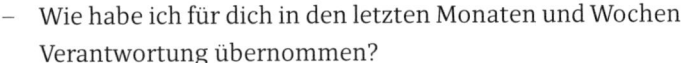

- Wie habe ich für dich in den letzten Monaten und Wochen Verantwortung übernommen?
- Wie habe ich mich um dich gekümmert?

Ich beantworte diese Fragen ehrlich und halte für mich persönlich fest, was ich erlebt habe. Vielleicht schreibe ich meiner Seele einen kleinen Brief und erzähle ihr, wie ich auf sie geachtet und mich um sie gesorgt habe. ∽

Mit meinen Emotionen leben

„Du bist an allem schuld. Wenn du so weitermachst, bringst du mich noch ins Grab." Die Vorwürfe, die Claudias Mutter ihrem Mann machte, schmerzen ihr heute noch. Wenn ihre Eltern Streit hatten, musste sie sich sprichwörtlich dazwischen stellen. Sie hielt sich an den Beinen von Mama und Papa fest, um Frieden zu stiften. In ihrem Herzen fühlte sie sich schuldig. Noch als Erwachsene entwickelt Claudia diese Schuldgefühle, wenn sie in Konflikte gerät. In ihr sitzt die Überzeugung fest, dass sie die Ursache der Unstimmigkeit ist und dass sie sich entschuldigen muss, auch wenn es gar nichts zu entschuldigen gibt. In einer therapeutischen Begleitung muss sie es mühsam lernen, ihre wahren Bedürfnisse zu erkennen, ihre Sehnsucht nach Nähe, Liebe und Geborgenheit, ihren Wunsch nach innerem Frieden. Ein erster Schritt für sie ist, dass sie sich nicht von ihren negativen Gefühlen überwältigen lässt. Die Opferrolle hat sie gar nicht nötig.

Schuld beengt. Selbsthass nimmt die Luft zum Leben. Angst blockiert. Niedergeschlagenheit bremst aus. Orientierungslosigkeit hemmt. Diese Erfahrungen sind Teil der Krisenerfahrung. Wir entwickeln die ganze Bandbreite negativer Gefühle. Wir sind schwermütig, deprimiert, traurig, bedrückt, erschöpft, träge, unsicher, verängstigt, unruhig, furchtsam, besorgt. Rast- und ruhelos sind wir – und nicht mehr in uns selbst.

Emotionen verbinden uns mit den Tiefenschichten des Lebens. Wir brauchen Emotionen, um lebendig zu bleiben, auch die negativen, denn diese sichern uns das Überleben.

Negative Emotionen geben uns das Signal für eine drohende Gefahr. Sie helfen, sich auf eine Situation zu konzentrieren. Sie zeigen, ob jetzt Beharren angesagt ist oder Kampf oder Flucht. „Hätten wir unseren Sohn nicht ziehen lassen", sagt Hanna entmutig und will verharren, „wäre uns eine große Sorge erspart geblieben" (vgl. Tob 5,18f). Stimmt!

Doch wie wäre es mit einem Schuss mehr Zuversicht? Wie geht es mir, wenn ich mich energiegeladen, fröhlich, freudig, zufrieden, inspiriert und gelassen fühle? Positive Emotionen stützen uns langfristig, sie machen uns wach und öffnen unser Bewusstsein, sie weiten die Sicht und lassen uns neue Perspektiven entdecken, sie stärken uns im Handeln auf die Zukunft hin. Wir entwickeln eine positive Sicht auf unser Leben. Vor allem aber puffern sie Stress ab und stärken unsere Widerstandskraft.

Barbara Frederickson, die die Kraft positiver Emotionen erforscht hat, hat in ihren Studien die wichtigsten entdeckt: Freude, Dankbarkeit, Gelassenheit, Interesse, Hoffnung, Stolz, Humor, Bewunderung und schließlich – am häufigsten und als wichtigste genannt – Liebe. Wir brauchen also beides: die schützenden Signale negativer Emotionen und die Kraft der positiven, um gut zu leben. Im Alltag ist es aber so, dass wir unsere positiven Emotionen oft vernachlässigen. Für unseren inneren Haushalt aber brauchen wir ein Mehrfaches an positiven Emotionen, um zu wachsen und zu gedeihen.

Es ist Zeit, dass wir die stärkenden Emotionen beachten und fördern. Was tut uns dabei gut? Praktisch sind das alle Aktivitäten, die unser Wohlbefinden stärken: im Garten arbeiten, spazieren gehen, musizieren, mit Freunden essen gehen, etwas lernen, kreativ sein, ein Tagebuch schreiben, mich für andere engagieren. Diese Wege fördern die Strategien, mit denen wir eine wohlwollende, uns selbst wertschätzende und akzeptierende Haltung einnehmen:

- Ich lasse die positiven Gefühle in meinem Alltag zu.
- Ich übe mich in Dankbarkeit für das Schöne und Gute, das ich erlebe.
- Ich fördere meine Leidenschaften und tue die Dinge, die mich stärken.
- Ich stärke meinen Zukunftstraum.
- Ich setze auf meine Stärken – in der Arbeit und in Beziehungen.
- Ich übe mich, dass ich im Hier und Jetzt bleibe.
- Ich tue Gutes.
- Ich tausche mich mit anderen aus und stärke so meine Verbundenheit.

Suchen Sie sich eine Person ihres Vertrauens. Tauschen Sie sich – am besten wechselseitig – eine Woche lang täglich darüber aus, was Sie an guten Erfahrungen an diesem Tag gemacht haben. Betonen Sie Ihre positiven Gefühle!

Mitgefühl mit mir selbst

Menschen, die eine schwierige Zeit gut durchgestanden haben, erzählen mir immer wieder, dass sie sich in dieser Lebensphase in einer tiefen und authentischen Weise als Mensch begegnet sind.

„Erst meine schwere Erkrankung brachte mich dazu, dass jeder Tag ein geschenkter Tag ist. Ich lebe nicht mehr in den Tag hinein. Besonders mein kleiner Enkel gibt mir Lebensmut."

„Ich freue mich an den kleinen Dingen."

„Ich habe erst in der Krise gelernt, mich ehrlich anzuschauen."

Diese Begegnung mit dem eigenen inneren Selbst ist etwas ganz anderes als Mitleid, denn Mitleid habe ich, wenn ich mich schwach mache und ganz klein werde. Mitgefühl mit mir selbst ist aus einer viel tieferen Quelle gespeist. Aus einer Quelle, aus der drei Ströme entspringen:

- Die Wachsamkeit und Achtsamkeit mit mir selbst. Ich nehme mich ernst und interessiere mich für mich.
- Das Gefühl allgemeiner Mitmenschlichkeit. Ich stehe in bewusster Solidarität mit anderen Menschen, bin vom Leben tief berührt und mit anderen in einem Boot.
- Das tiefe, Lebensgrund schenkende Gefühl, das die geistliche Tradition als inneren Frieden und Trost beschreibt.

Ich nehme mir Zeit. Ich stelle mir eine Lebenssituation vor, die schwierig ist, oder einen Aspekt meines Lebens, den ich als belastend erlebe. Diese Situation lasse ich vor meinem inneren Auge vorbeiziehen:

– Was macht mir hier mein Leben so schwer?
– Ich versetze mich in mein Erleben, meine Stimmungen und Gefühle in dieser Situation.

Ich stelle mir vor, dass mich ein guter Freund oder eine gute Freundin in dieser Situation begleitet. Dieser Mensch schreibt mir einen Brief, in dem er aufrichtig und anteilnehmend sein Mitgefühl ausdrückt. Er leiht mir die Worte, die mir jetzt fehlen. Ich schreibe diesen Brief. Als Hilfe steht hier eine Auswahl von Gefühlen zur Verfügung, die mir die Schwere der Situation ausdrücken:

ängstlich, apathisch, besorgt, betrübt, bitter, durcheinander, einsam, elend, ermattet, enttäuscht, erschüttert, gelähmt, genervt, hasserfüllt, hilflos, lustlos, müde, nervös, ohnmächtig, orientierungslos, schockiert, sorgenvoll, tieftraurig, unglücklich, unwohl, verletzt, verstört, zornig.

Ich habe diesen Brief gelesen. Die Weggefährtenschaft hat mich eine längere Zeit gestärkt. In meinem Antwortbrief schreibe ich, dass es mir jetzt besser geht. Auch hier drücke ich meine Gefühle aus:

ausgeglichen, befreit, begeistert, energiegeladen, ergriffen, friedlich, froh, gelassen, glücklich, hoffnungsvoll, kreativ, lebendig, liebevoll, mutig, optimistisch, selbstsicher, überwältigt, wach, zufrieden. ∽

Mit Glaubenssätzen gut umgehen

Andrea war durch einen schweren Konflikt in einen Teufels-kreis geraten. Die Gedanken ließen sie nicht mehr los. Immer tiefer geriet sie in einen Strudel hinein. Sie schlief nicht mehr. Die Arbeit war nur noch eine Qual. Sie zog sich zurück und wurde immer einsamer. Es quälte sie das Schuldgefühl, dass sie etwas falsch gemacht hatte. Am Ende war sie kraftlos und resigniert. Sie kämpfte nicht mehr; ihr Widerstand war verpufft. In der Begleitung kam sie ihren Schuldgefühlen auf die Spur. Als Kind hatte sie gelernt, dass sie gute Leistung bringen musste. Das war ihr Glaubenssatz. Die Befürchtung, dass sie eine Versagerin sein könnte, machte diesen Satz zum Antreiber: „Sei perfekt!" Dahinter steckte das berechtig-te Bedürfnis nach Erfolg. Ihr Wunsch nach Gelassenheit und der Haltung, die Fünf einmal gerade sein zu lassen, kam aber nicht zum Zug. Der Tribut war hoch, denn sie hatte es nie ge-lernt, auf sich selbst zu achten.

Innere Leitsätze, Spielregeln und Appelle – oft schon von frühester Kindheit an als Erwartungshaltung angeeignet – helfen uns, dass wir uns in der Komplexität unseres Lebens zurechtfinden. Sie geben uns Orientierung, sind Normen, die wir zutiefst verinnerlicht haben. Sie helfen uns, zu entschei-den, was wahr und was falsch, was wichtig und unwichtig, was sinnvoll und was sinnlos ist. Sie prägen unsere Einstel-lung und unser Handeln. Solche hilfreichen Glaubenssätze können im Blick auf die Lebenswiderfahrnisse sein: „Ich ver-traue darauf, dass es auch in Krisen Wege gibt." Oder: „Das Leben meint es gut mit mir."

Wenn Glaubenssätze übermächtig und starr werden, wenn es keine ausgleichende Alternative gibt, dann werden sie zu inneren Antreibern. Sie entwickeln ein Eigenleben, behindern und blockieren uns. Der Blick verengt sich, die Lebenssicht wird einseitig. Wir grübeln und sehen nur noch die Probleme. Wir trauen uns nichts mehr zu. Die Antreiber sind zur Kommandozentrale des inneren Lebens geworden. Obwohl wir uns doppelt anstrengen, sind wir nicht mehr fähig, mit Kraft gegen Widerstände und Blockaden anzugehen. Daher ist es notwendig, dass wir diese Antreiber kennen, die dahinterliegenden Bedürfnisse wahrnehmen und ausgleichende Sichtweisen entwickeln.

Es gibt klassische Antreiber. „Sei perfekt!" Dahinter steckt der Wunsch nach Erfolg und Vollkommenheit; Perfektionismus ist aber keine Tugend, denn gut ist in weiten Teilen des Lebens gut genug. „Sei beliebt!" Dahinter steckt unser Bedürfnis nach Anerkennung, Zugehörigkeit und Liebe; wir können es aber erst wirklich erfüllen, wenn wir auch uns selbst anerkennen und lieben. „Sei stark!" Den Wunsch nach Selbstbestimmung können wir nur erfüllen, wenn wir auch auf die Bedürfnisse des andern eingehen.

Finden Sie Ihre Antreiber und Glaubenssätze!

- Wie war die Atmosphäre in meinem Elternhaus? Welche Lebenshaltung herrschte dort vor?
- Welche zentrale Botschaft – erkennbar durch ausgesprochene Leitsätze, innere Einstellung und Verhaltensweisen – hat mir meine Mutter mitgegeben? Welche mein Vater? Wie passen die Glaubenssätze meiner Eltern zusammen?
- Was war meine Antwort als Kind darauf? Welche der Leitideen zeigten sich später als Antreiber, welche als lebensbejahende Glaubenssätze?
- Welche inneren Leitsätze möchte ich heute als erwachsener Mensch ändern?
- Ich formuliere solch einen neuen Glaubenssatz.

Der Augenblick der Annahme war für Andrea ein Augenblick der bitteren Erkenntnis und der Befreiung zugleich. Sie öffnete sich endlich ihrem Innersten, ihrer wahren Seele. Sie ließ einen neuen Blickwinkel in ihr Leben. Ihr Ausgleich schaffender Leitsatz war nun: „Ich will auf meine Bedürfnisse achten. Die anderen haben auch Verantwortung für gute Leistungen." ✍

Beherrscht der Groll mein Leben?

„Ich möchte in meinem Leben keine Spottreden mehr hören!", sagt Sara zu ihrer Magd (Tob 3,10). Erst beim hinhörenden Lesen und Hineinfühlen in die Situation ist mir deutlich geworden, welche starken Gefühle des Ärgers und des Grolls Sara bewegen. Eine Kränkungsgeschichte! Sara war wegen der missglückten Hochzeiten in die Krise geraten. Ihre Magd nutzt die Situation aus: „Du bist selber schuld! Warum behandelst du mich so hart? Ich wünsche dir den Tod." Die Vorwürfe der Magd lösen starke Gefühle aus. Ein Teufelskreis von Beschuldigung und Schuldempfinden entsteht. Sara reagiert zunächst niedergeschlagen, aber sie bleibt nicht passiv in der Opferrolle, sondern übernimmt Verantwortung für sich: „Ich will keine Spottreden mehr." Sie grenzt sich ab. Sie sucht einen Schutzraum für sich. Sie steht am Beginn der Versöhnung mit sich selbst und ihrer Umwelt.

Wir alle erfahren in unserem Leben immer wieder einmal tiefe, persönliche Kränkungen. Kränkungen, die unser Lebensgefühl deutlich verändern. Oft entstehen dabei Gefühle von Ärger, Wut, Feindseligkeit oder Groll. Wir fühlen uns persönlich angegriffen und sind von Gefühlen überwältigt. Wir geben der Person, die uns verletzt hat, die Schuld. Oft konstruieren wir eine Leidensgeschichte um diese Kränkung herum und schieben damit die Verantwortung auf die anderen ab. Groll und Wut konfrontieren uns mit den dunklen und ungeliebten Seiten unseres eigenen Lebens. Denken Sie einmal über so eine Kränkungsgeschichte in Ihrem Leben nach.

Spüren Sie einmal eine Situation nach, die Sie persönlich getroffen hat und Sie vielleicht immer noch beschäftigt. Gehen Sie folgenden Fragen nach:

- Habe ich diese Erfahrung persönlich genommen?
- Reagiere ich körperlich und seelisch mit Unbehagen, wenn mir diese Situation in den Sinn kommt? Entwickle ich Zorn, Wut, Groll?
- Kreisen meine Gedanken immer in derselben Welt, um das Geschehen herum?
- Gebe ich der Person, die mich verletzt hat, die Schuld für meine Lage?
- Wiederhole ich in Gedanken immer wieder die Erfahrung, die mich verletzt hat? Habe ich aus dieser Erfahrung eine Leidensgeschichte konstruiert, die mich gar nicht mehr frei macht?

Groll und Ärger können Macht über uns gewinnen. Warum musste gerade ich und nur ich in diese missliche Situation gelangen? Ich bin das tragische Opfer der Umstände. Schuld sind aber die anderen. Sollen sie auch für eine Lösung sorgen! Doch in Wirklichkeit bedeutet diese Einstellung, dass ich der Realität nicht ins Auge schaue und keine Verantwortung für mich übernehme, für den Teil des Konfliktes, den ich zu verantworten habe. Ich bin mit meinen Gedanken bei den anderen und nicht bei mir. Leicht wird die Atmosphäre vergiftet und die Gräben werden vertieft: „Die da sind ja schuld an meiner Misere." Meine Gefühle werden blockiert, weil der Groll dominiert. Der Schmerz bremst mich aus und ich kann nicht auf Abstand gehen. Ich verliere mich selbst, mein Spielraum ist eingeengt und es gibt keine Lösungen für mich. Ich bin nicht fähig, neue Perspektiven in mein Leben zu lassen. Mühsam lerne ich es, zu mir und meinen Gefühlen zu stehen. Es reicht demnach nicht, meinen Groll zu pflegen und in ihm zu verharren. Erst wenn ich meinen Groll lassen kann, stellt sich innerer Friede ein. Mit anderen Worten: Der schmerzhafte Weg der Versöhnung geht nur über Vergebung, auch mir selbst gegenüber.

Vergeben

„Ich bitte dich inständig um Vergebung!", schreibt Klaus an seine Frau Martina. „Auch wenn mein Verhalten nicht zu entschuldigen ist. Ich habe dir Leid angetan. Inzwischen weiß ich wieder, was für einen wertvollen Menschen ich an dir habe. Ein treuer Mensch ist mir in der Partnerschaft wichtig. Lass uns einen Neuanfang wagen!" Jahrelang hatten beide eine gute Ehe miteinander geführt, sich aber dann doch in der Routine des Alltags auseinandergelebt. Ihre Gefühle füreinander waren nicht mehr stark, man führte eben eine konventionelle Ehe. Als dann eine junge Kollegin in Klaus' Abteilung zu arbeiten begann, voller Esprit und mit vielen Eigenschaften, die Martina nicht hatte, war es nach einer Betriebsfeier geschehen. Aus dem Seitensprung wurde eine Doppelbeziehung. Als dies die Tochter der beiden herausfand, war es Zeit für ein Geständnis und für eine Entscheidung. Dem Brief war eine harte Zeit vorausgegangen: Martina gab ihrer Enttäuschung Raum. Ihre Gefühle von Ärger, Zorn und Trauer kochten über und es drohte Verbitterung. Beide standen vor einer schmerzhaften Realität, die ausgesprochen werden musste. Es gelang beiden aber auch, einen vertrauensvollen Neuanfang zu wagen. Sie erarbeiteten sich, was eine gute Beziehung für sie bis in den Alltag hinein bedeutete. Den Neuanfang gab es nur mit einem ernsthaften Ja zueinander.

Vergebung ist ein aktiver Prozess – das zeigt uns die Krise von Klaus und Martina. Erdulden und Wegschauen geht nicht mehr. Negatives Verhalten kann nicht einfach weiter übergangen werden. Die Betroffenen müssen es lernen, auf sich zu schauen und nicht einfach die Verantwortung auf die anderen abzuschieben. Versöhnung beginnt demnach damit, dass ich meinen Schmerz wahrhaftig Ausdruck verleihe. Es gibt den

Schmerz, dass ich über das Verhalten des anderen enttäuscht bin und Groll empfinde, ebenso wie das Gefühl, dass ich über mich enttäuscht bin und mich selbst hasse. Dieser Schmerz kann nun nicht mehr verleugnet werden. Mühsam muss ich es lernen, dass ich für meine Gefühle und mein Verhalten Verantwortung übernehme. Die Realität ist bitter; jedoch will ich mich nicht gefangen nehmen lassen. Die Kränkung, die mir zugefügt wurde, tut weh; aber ich will den Teufelskreis von Beschuldigung und empfundener Schuld verlassen. Dann ist Versöhnung möglich ...

Vergebung ist ein aktiver Prozess – auf mich und den anderen hin. Ich entscheide mich, dass ich nicht mehr länger das Opfer der Umstände sein will. Ich entscheide mich, dass ich meine Energie nicht mehr auf meine negativen Kräfte richte. Indem ich meine Not und meine Empfindungen ausspreche, durchbreche ich den Teufelskreis gegenseitiger Beschuldigung. Der Täter-Opfer-Zyklus wird beendet. Ich werde dabei deutlich machen, dass ich mich in Zukunft nicht mehr respektlos behandeln lassen möchte. Denn mein Leben ist wertvoll. Ich verdiene es, dass ich mich selbst liebe und dass der andere mir Wertschätzung entgegenbringt.

Vergebung ist ein aktiver Prozess, wenn ich mich aus freien Stücken entscheide, den Knoten zu lösen und sich meine Aufmerksamkeit darauf richtet, was in Zukunft zählt. „Die Zeit heilt Wunden", sagen wir. Das stimmt, weil Vergebung meine Geduld erfordert. Aber Vergebung erfordert vor allem innere Stärke: „Ich will keine Spottreden mehr hören!", sagt Sara. Sie entscheidet sich für den Blick nach vorne und für ein Mehr an Leben. Vergebung wird erst dann kraftvoll, wenn wir uns neu für unsere lebenswerten Möglichkeiten entscheiden und diese in die Tat umsetzen. Dann kann aus der Vergebung Versöhnung werden.

Suchen Sie das klärende Gespräch mit einem Menschen, der Ihnen wehgetan hat. Achten Sie darauf, dass folgende Aspekte angesprochen werden:

1.) Ich drücke meine Enttäuschung und Verletzung aus, wahrhaftig und ohne Anklage, ohne Beschuldigung und ohne Kränkung, konkret und persönlich. Ich weiß, dass diese Haltung meine ganze Stärke erfordert.

2.) Die Realität entspricht nicht immer dem, was ich mir wünsche. Ich drücke aus, dass ich diese – manchmal bittere – Realität verstehe und annehme.

3.) Im dritten Schritt drücke ich meine gute Absicht aus, das, was mir in Zukunft wichtig ist, und welches Lebensziel ich damit verwirklichen möchte.

4.) Ich verpflichte mich, mich für dieses Lebensziel aufrichtig einzusetzen.

Loslassen und aufbrechen

Menschen sind erstaunlich widerstandsfähig, vom Hunger nach Leben getrieben. Auch im Schmerz sind sie fähig, aufzustehen und neu anzufangen. Wo man im Augenblick der tiefsten Krise fällt und es keine größere Fallgeschwindigkeit mehr zu geben scheint, da entwickeln resiliente Menschen neue Kräfte. Da tut sich eine Tür auf und neues Leben erwartet uns.

Diese Zeit ist ein Moment erhöhter Sensibilität, in der wir erahnen, wer wir wirklich sind. Wie durch ein Brennglas sehen wir, wo wir die Lebensspur verlassen und unsere Kräfte einseitig eingesetzt haben. Wir erkennen die Umstände, in denen wir in die Schieflage geraten sind und diese nicht hinterfragt haben. Nun sind wir mit dem Schmerz konfrontiert.

Jetzt ist der Augenblick des Loslassens: In der Zeit der traumatischen Erfahrung bin ich mit Gefühlen der Trauer und des Schmerzes konfrontiert. Wir dürfen diese Gefühle zulassen, sie ernst nehmen und lernen, ihnen liebevoll zu begegnen. Aber jetzt ist die Zeit angebrochen, dass ich mich von diesen Gefühlen verabschiede und mich für neue Lebensmöglichkeiten öffne. Oft haben wir in der Krise tief sitzende Abwehrreaktionen entwickelt. Jetzt ist die Zeit, dass ich mich von diesen umsichtig löse und neue Formen des Handelns finde. Jetzt ist die Zeit, dass ich Teile meines Lebens loslasse und bisher vernachlässigte Seiten meines Lebens neu entdecke. Diese Zeit der Veränderung ist eine Einladung an mich, dass ich dem Wesentlichen wieder auf die Spur komme, meinen wahren Namen lebe und meine Berufung neu finde. Jetzt ist die Zeit der Veränderung, in der zwar ungewiss ist, wohin mich diese führt und wohin dieses Wagnis geht, ich mich aber aufmache und Trost suche.

Während Tobit aus der Trauer heraus seine Zukunft voller Gottvertrauen angeht und im Kampf gegen seine Verarmung den Schuldschein einlösen will, entdeckt Tobias im Angesicht der Todesgefahr die „wahre Liebe" (vgl. Tob 8,4) zu seiner zukünftigen Frau, den Brennstoff glücklichen Lebens. Diese Episode lehrt mich mehrere Strategien, wie man dem Leben neu begegnen kann. Tobias lässt sich auf das Neue und das Unerwartete ein. Ich kann zum Beispiel diese Haltung am Beginn eines neuen Tages einnehmen und den Tag mit einem persönlichen Willkommensritual beginnen. Er schaut seinem Tod ins Auge. Was heißt für mich, die Kunst des Sterbens im Hier und Jetzt zu üben und zu leben, als ob alles von mir abhängt und gleichzeitig geschenkt ist? In diesem Prozess bekommt sein Name seine wahre Würde; auch ich kann meiner wahren Würde nachspüren und mich auf die Kraft meines wahren Namens besinnen und meiner Berufung immer wieder eine neue Gestalt geben.

 Wo ich Lebendigkeit in meinem eigenen Leben finde: Nehmen Sie sich für diese Übung zunächst eine stille Zeit, um den unten formulierten Fragen nachzugehen. Wählen Sie eine Gesprächspartnerin oder einen Gesprächspartner. Erzählen Sie Schritt für Schritt ihre Erfahrungen. Ihr Gegenüber hört einfühlsam zu, fragt offen nach. Er kommentiert und bewertet nicht und macht keine Verbesserungsvorschläge.

1.) Die Entdeckung meiner Berufung: Wann und wie habe ich erstmals so etwas wie meine Berufung gespürt? Wie hat sich dieser Lebensentwurf konkret gezeigt? Was hat mich von Anfang an besonders begeistert? Hat sich hier schon mein wahrer, innerer Name geoffenbart?

2.) Eine herausragende, positive Erfahrung in meinem Leben: Was ist damals geschehen? Wer oder was war wichtig? Was hat diese Erfahrung so besonders gemacht?

3.) Was ich an meinem Leben und meinem Lebensumfeld wertschätze: Ohne falsch bescheiden zu sein, was schätze ich an meinem Leben am meisten? Was ist der wichtigste Beitrag, den mein Umfeld für mein Leben und meine persönliche Entwicklung geleistet hat?

4.) Die geistliche Spur: Zeigen sich in meinen Erfahrungen Spuren der Gegenwart Gottes?

5.) Mein Blick in die Zukunft: Spüre ich einen Impuls zur Veränderung in mir? Wenn ich etwas an meinem Leben verändern möchte, welche Dinge würde ich jetzt tun?

Nehmen Sie sich für den Austausch eine Stunde Zeit. Sie können in einer zweiten Runde die Rollen tauschen. ✍

Mich um mich selbst sorgen

Selbstsorge ist Aufmerksamkeit für mein Leben bis in die alltäglichen Lebensvollzüge hinein. Ich nehme mich wachsam wahr. Ich verschaffe mir einen Überblick über die Bereiche meines Lebens, ob diese auch angemessen gelebt sind. Gerade in den Widrigkeiten meines Lebens kann ich mir dessen bewusst werden, wo ich Bereiche meines Lebenshauses vernachlässigt habe.

 Ich nehme mir Zeit für mich und erbaue mir mein Lebenshaus vor meinem inneren Auge. Ich schaue mein Haus als Ganzes an. Dann besuche ich die verschiedenen Zimmer.
Ich lasse die verschiedenen Räume meines Lebens vor mir lebendig werden:
- *Arbeit* ist eine wesentliche Quelle meines Selbstwertes, weil ich Sinnvolles schaffen kann und zum Wohl der menschlichen Gemeinschaft beitrage.
- *Spiel* – zweckfreies Tun, Freude und Wohlgefallen am Leben – bereichert mich.
- Mein *Körper* sichert mir Vitalität, geistige Spannkraft und Stärke der Seele; auch in der Krankheit kann mein Leben versöhnt sein, wenn ich diese annehmen lerne.
- Mein *Geist* bleibt lebendig, wenn ich mit dem Denken anderer verbunden bin und meiner Kreativität Raum gebe.
- *Beziehungen* helfen mir, dass ich liebend und vertrauensvoll durch mein Leben gehen kann.

- *Gemeinschaft* hilft mir, dass ich mit anderen verbunden bin und durch Engagement zum Wohlbefinden anderer beitrage.
- *Spiritualität* verbindet alle meine Lebensbereiche.

Danach schreibe ich mir so objektiv wie möglich auf, wie mein jeweiliger Lebensbereich jetzt aussieht. Was tue ich dort konkret? Wie ist der Raum eingerichtet und bewirtschaftet? Wie geht es mir damit? Fühle ich mich wohl und behaglich oder nicht?

Jetzt schaue ich mir mein Lebenshaus als Ganzes an: Bin ich insgesamt zufrieden? Gibt es Zimmer, die ich anders einrichten und nutzen möchte? ∽

Indem ich auf mein Lebenshaus nüchtern und realistisch schaue, werde ich die Dinge klarer sehen, mit allen meinen Seiten und in allen meinen Lebensdimensionen. Vielleicht ist das Zimmer meiner Arbeit zur Fabrikhalle geworden oder das Zimmer der Spiritualität eine Rumpelkammer. Dass ich diese Tatsache annehme, ist ein erster Schritt zur Heilung. Es wird sich etwas tun. Ich nehme Verantwortung für mich selbst wahr, wenn ich ehrlich zu mir selbst bin und meine Defizite berücksichtige, aber auch, wenn ich mich um mich selbst sorge und mich daran erfreue, dass etwas gelingt. Im Bild heißt das: Ich richte alle meine Lebenszimmer ein, unterhalte sie und mache sie schön. Ich will mich mir selbst gönnen – mir etwas Gutes tun in allen meinen Lebensbereichen: nicht immer überall und gleichzeitig, aber immer öfter in den verschiedenen Räumen meines Lebens.

Neue Sichtweisen einnehmen lernen

Inzwischen ist es ins allgemeine Bewusstsein gedrungen, dass die Erfassung der Wirklichkeit von unserer subjektiven Wahrnehmung geprägt ist. Wir konstruieren unsere Wirklichkeit. Eine objektive Realität gibt es nicht. Die Wirklichkeit ist komplex, dynamisch und reich an inneren Verknüpfungen: Vorerfahrungen und eingeübte Denkmuster, Vorsätze und verfestigte Auffassungen, eingeübte Verhaltensweisen prägen deshalb unsere Wahrnehmung der Wirklichkeit. Ist unsere aktuelle Befindlichkeit eingeengt, dann wird unsere eigene Wahrnehmung schnell selektiv, der Blickwinkel ist einseitig und das Verhalten kann sich zu starren Mustern verfestigen. Lernen, vor allem in Beziehungen, wird erschwert.

Am Anfang war es ein Kritikgespräch. Klaus M. hatte die vorgesehenen Ergebnisse nicht erreicht. Sein Chef war für Argumente nicht recht empfänglich; dass die Bedingungen erschwert waren und ein Personalwechsel die Abläufe verzögerte, zählte nicht. „Ja, das war wohl so, aber Sie hätten das Projekt trotzdem rechtzeitig mit Erfolg abschließen können." Klaus M. geriet unter Stress; für ihn war die Situation bedrohlich. Er kam in eine Verteidigungshaltung. Er fragte sich: „Meine Anstrengungen werden von ihm nicht gewürdigt. Meint er es wirklich gut mit mir?" In das nächste Gespräch mit seinem Chef ging er schon mit einer negativen Voreinstellung, angespannt wie er war.

Aus der Stressforschung wissen wir, dass wir in bedrohlich oder gefährlich empfundenen Situationen die auf uns einströmenden Empfindungen selektieren und bewerten. Bedrohliche Gefühle führen schnell zu einer negativen Beurteilung der Situation. In der Beurteilung des Chefs hört Klaus M. nicht mehr das bestätigende „Ja", sondern nur noch eine Verurteilung im „Aber". Der Handlungsspielraum engt sich ein. Die Wirklichkeit wird nicht mehr ausgewogen und offen wahrgenommen.

Wir können aber unseren Bewertungsrahmen ändern und andere Perspektiven entwickeln. Wir können die Dinge auch anders sehen und Alternativen entwickeln. Wir können ohne Denkverbot und mit positiver Neugier unsere beengte Sicht der Wirklichkeit erweitern. Es kommt zum Stimmungsumschwung.

„Ich habe Angst, diese Frau zur Frau zu nehmen", gibt Tobias dem Engel zu erkennen. Nachdem ihm der Engel eine Heilung eröffnet hat, kann er eine ganz andere Perspektive einnehmen: „Ich nehme dich aus Liebe zu meiner Frau." Die Angst wird ihm genommen, indem er sich auf die Hilfe seines Begleiters einlässt.

Sie möchten an einem Problem, an einer beengten Sichtweise oder einer belastenden Situation arbeiten, spüren aber, dass Ihr eigener Blickwinkel nicht ausreicht. In einem strukturierten Gespräch können Sie in die kollegiale Beratung gehen:

1.) Erkundung (ca. 15 min): Als Ratsuchender berichte ich von meiner Situation, wie ich mein Problem erlebe, welche Gefühle und Stimmungen ich in dieser Situation habe. Mein Gegenüber hört aktiv zu, stellt Verständnisfragen und nimmt keine Bewertungen vor. Ich erzähle ruhig und ohne Anspannung. Zum Ende dieser Phase formuliere ich nochmals meine genaue Fragestellung.

2.) Tieferes Verstehen durch eine andere Wahrnehmung (5–10 min): Mein Gegenüber berichtet, wie er diese Situation wahrnimmt. Wahrnehmungen, Empfindungen, Bedürfnisse, Gefühle ... haben ihren Raum. Ich höre aktiv zu und lasse mich inspirieren, wie meine Gegenüber die Situation versteht.

3.) Meine Reaktion (ca. 5 min): Ich berichte, was mein Gegenüber in mir ausgelöst hat. Entdecke ich Neues?

4.) Erste Lösungen (ca. 15 min): Mein Gegenüber entwickelt jetzt verschiedene Lösungen, was er an meiner Stelle tun würde. Ich lasse mich auf die verschiedenen Perspektiven ein, ohne vorschnell zu bewerten oder zu beurteilen.

5.) Gemeinsames Entwickeln einer Lösung (ca. 15 min): Gemeinsam entwickeln wir eine realistische Lösung und besprechen in Ruhe deren Umsetzung.

6.) Meine Umsetzung (5 min): Ich formuliere nochmals zusammenfassend, was ich anders sehe, was ich tun werde und wo ich Verantwortung übernehmen werde.

Meine Stärken leben

Wenn das Tobitbuch von der Seele und vom Leben spricht, dann meint es immer Lebenskraft. Es meint die Lebensdauer vom ersten bis zum Atemzug, die Lebensenergie und Vitalität, die uns sprichwörtlich am Leben erhält. Es spricht die Spannkraft der Seele, die uns geistige Energie gibt, an. Im Kern versteht es darunter das gottgeschenkte Leben, das sich dem Schöpfer verdankt. Der ganze Mensch ist, biblisch betrachtet, eine Einheit. Seine Seele spüren ist Leben haben. Tobits Seele ist tieftraurig, seine Lebenskraft hängt am seidenen Faden. Aber er gibt nicht auf. Ein Leben lang hält er daran fest, dass es tief unten, im Innersten eine Kraft gibt, die ihn trägt. So kann er wieder aufleben. Tobit vollzieht seine innere Wende „mit Herz und Seele" (vgl. Tob 13,6) und diese Wende zeigt sich bei ihm lebenspraktisch: in sozialen Bezügen durch Barmherzigkeit, im Glauben durch sein Festhalten an Gottes gutem Handeln.

Lebenskraft haben ist damit sehr praktisch. Es zeigt sich an unseren inneren Haltungen, aber auch daran, wie wir diese Haltungen konkret leben. Das Modell der Tugenden und Stärken von Martin Seligman ist eine praktische Hilfe, wie wir Lebenskraft gestalten können:

Schätzen Sie sich selbst mit Ihren Stärken ein. Wie stark ist bei Ihnen welche Haltung und Stärke ausgeprägt? Nehmen Sie sich Zeit für die Liste, spüren Sie nach, welche Stärken wirklich zu Ihnen gehören und Sie beschreiben. Sie werden feststellen: jeder Mensch besitzt einige dieser Stärken in besonderer Weise und diese herausragenden Stärken machen seine Persönlichkeit aus. Welche besonderen Stärken zeigen sich bei mir? In welchen Räumen meines Lebens setze ich diese Stärke mit Freude und Schwung ein?

Tugend		
Stärke	**Beschreibung**	**Meine Einschätzung**
Weisheit und Wissen		
Kreativität	Originelles mit Erfindergeist erschließen und einfallsreich neue Wege gehen.	
Interesse an der Welt	Offen sein für die Umwelt und fähig, sich auf neue, unbekannte Erfahrungen einzulassen.	
Urteilskraft	Dinge kritisch durchdenken und die Realität von allen Seiten bedenken; begründete Urteile fällen können.	
Freude am Lernen	Gerne Neues lernen; sich einfallsreich Wissen aneignen und neue Lebenstechniken erlernen.	
Weitblick und Weisheit	Experte für das Wesentliche im Leben sein; denen, die meinen Rat suchen, diesen gerne geben.	
Mut		
Tapferkeit	Sich Herausforderungen stellen, innere Stärke und Zivilcourage zeigen; Widrigkeiten bestehen, ohne meine Würde zu verlieren.	
Ausdauer	Mit Tatkraft und beharrlich an der Sache bleiben und diese gut zu Ende bringen.	

Echtheit	Aufrichtig sein, Verantwortung zeigen und authentisch handeln.	
Enthusiasmus	Begeistert und mit Tatendrang handeln.	

Menschlichkeit und Liebe

Bindungsvermögen	Lieben können und sich lieben lassen; herzliche Beziehungen und Nächstenliebe pflegen.	
Freundlichkeit	Interesse am anderen zeigen, Verantwortung übernehmen und ihm wohlwollend Gutes tun.	
Soziale Intelligenz	Sich gut in die eigene Welt, Motive und Gefühle und die der anderen hineinversetzen; seine Fähigkeiten situationsangemessen in Beziehungen einbringen.	

Gerechtigkeit

Teamarbeit / Gemeinsinn	Loyal und teamfähig sein; eigene Interessen zugunsten der Gemeinschaft zurückstellen.	
Fairness	Alle Menschen gleich und gerecht behandeln; auf Ausgleich bedacht sein.	
Führungsvermögen	Gemeinsame Aktivitäten planen und organisieren und dabei für ein förderliches Klima sorgen.	

Mäßigung und Realitätsnähe

Vergebungsbereitschaft	Jenen vergeben, die einem Unrecht getan haben; nicht nachtragen, sondern heilend mit Verletzungen umgehen.	

Demut / **Bescheidenheit**	Das Erreichte für sich sprechen lassen; anspruchslos bleiben und mich nicht in den Mittelpunkt stellen.	
Klugheit / **Umsicht**	Besonnen und umsichtig handeln und nichts tun, was man auf Dauer bereut.	
Selbstkontrolle	Diszipliniert sein und die eigenen Wünsche und Bedürfnisse im Lot halten, auch in Krisen.	

Sinn leben

Schönheitssinn	Schönes in allen Lebensbereichen schätzen und sich darüber freuen.	
Dankbarkeit	Das Gute im Leben als Geschenk anerkennen.	
Hoffnung	Eine gute Zukunft erwarten und darauf hinarbeiten.	
Humor	Humor und die angenehmen Seiten des Lebens schätzen; gerne miteinander lachen.	
Spiritualität	Den Sinn des Lebens spüren; glauben und danach handeln.	

Gelingende Beziehungen wertschätzen

Gelingende und unterstützende Beziehungen sind ein wesentlicher Faktor, um aus krisenhaften Situationen gestärkt hervorzugehen. Wir alle haben unsere Engel, die uns in unseren Bedürfnissen und Lebensbereichen unterstützen. Gute Beziehungen fördern unsere Verbundenheit im Leben – zu uns selbst, zu anderen, zu einem größeren Ganzen. Sie tragen uns durchs Leben. Daher ist es hilfreich, gelingende und förderliche Beziehungen zu entwickeln und zu pflegen: Begegnen Sie dem anderen mit Wertschätzung und Respekt! Vertrauen Sie und setzen Sie darauf, dass Ihr Gegenüber Ihnen helfen wird! Unternehmen Sie gerne etwas mit den Menschen, die Sie wertschätzen und lieben!
Üben wir uns in Wertschätzung!

Wo gelingt es Ihnen, diese Spielregeln in die Tat umzusetzen?
Konzentrieren Sie sich in den kommenden Tagen darauf, jeweils eine dieser Regeln zu leben!

1.) Die Grundlage der Wertschätzung: Respektvoll sein.
Jede(r) will gehört und geachtet werden. Übe Respekt vor den Erfahrungen, Vorlieben und Eigenarten des anderen.
2.) Präsenz leben. Ein Mensch in der Krise möchte, dass du für ihn da bist. Tu das, verlässlich!
3.) Gefühle zeigen. Mitgefühl ist gelebtes Interesse an dir selbst und anderen. Achte auf deine Gefühle. Sage, wie du dich fühlst, und lasse die Gefühle des anderen zu.

4.) Innere Bedürfnisse beachten: Was brauchst du? Bleibe deinen echten Bedürfnissen auf der Spur!

5.) Nicht bewerten. Beurteilungen und Vergleiche, Bewertungen und Verallgemeinerungen verhindern gute Kommunikation. Versuche, Empfindungen als persönliche und Erfahrungen als konkrete zu äußern.

6.) Wünsche und Erwartungen äußern. Forderungen verhindern Beziehung. Drücke aus, was du erwartest.

7.) Zuwendung zeigen. Kleine Gesten und Zuwendungen sind Signale der Verbundenheit. Traue dich, diese zu zeigen!

8.) Ehrlich sein. Fehler passieren, Verletzungen geschehen – beim besten Willen. Bleibe ehrlich – dir und dem andern gegenüber.

9.) Grenzen achten. Ich bin ein Mensch, der Schutz braucht – und du auch. Achte darauf!

10.) Bitten - Danke sagen – mich entschuldigen. „Bitte! Danke! Entschuldige! Seien wir nicht kleinlich mit dem Gebrauch dieser Worte." (Papst Franziskus)

Wenn ich mich mit einer Person meines Vertrauens darüber austausche, dann können wir gleichzeitig den wertschätzenden Umgang in folgenden Schritten üben:

– Was habe ich jetzt bei dir wahrgenommen und erlebt?
– Was spüre ich bei mir?
– Wie verändert diese Erfahrung meine Wertschätzung?

Mein soziales Netz stärken

Wir feiern Geburtstag mit Freunden – Menschen, die uns etwas bedeuten. In den vergangenen Wochen haben wir eine belastende Zeit durchgemacht. Der Zufall will es, dass an diesem Abend 14 Freunde da sind. „Das sind unsere 14 Nothelfer!", schießt es mir durch den Kopf und es wird mir warm ums Herz. Nothelfer sind Menschen, die unsere Seele stärken, uns Zuwendung schenken, im Gespräch neue Sichtweisen eröffnen, uns vor Einsamkeit bewahren, in ganz praktischen Belangen helfen oder einfach Wohlbefinden und Freude in unser Leben bringen.

Sicherlich haben Sie auch Ihre Nothelferinnen und Nothelfer, die alle zusammen ein Netzwerk zur persönlichen Unterstützung bieten. Gehen Sie einmal Ihrem persönlichen Netzwerk für Krisenzeiten und Herausforderungen nach!

Ich nehme mir Zeit, um eine Herausforderung, in der ich gegenwärtig stehe, zu überdenken. Ich kann dazu ein Blatt nehmen, meinen Namen in die Mitte schreiben und dann verschiedene Personen, mit denen ich in Beziehung stehe, markieren. Auf dem Blatt entsteht mein persönliches Netzwerk. Was fällt mir auf? Unterstützt mich diese Person oder nicht? Auf welche Art und Weise? Wer tut mir gut – durch Wissen, Vertrauen, Wertschätzung? Welche Qualität von Beziehung wird sichtbar? Wo will ich lassen, wo investieren? ∽

Zuversichtlich handeln

Warum machen Fitnessstudios die höchsten Umsätze zu Beginn eines neuen Jahres? Dann ist die Zeit der guten Vorsätze – man will eben den Weihnachtsspeck loswerden, etwas für die Gesundheit tun, mit dem Jahresbeginn neu anfangen. Doch diese Vorsätze haben so ihre Tücken: Wenn unsere Ziele zu hoch gesteckt und damit unrealistisch sind, machen wir uns falsche Hoffnungen und erwarten Wunder. Wenn Ziele konkurrieren, bringen wir sie im Alltag nicht mehr unter einen Hut und geben vorschnell auf. Wenn wir vom Anfangserfolg beschwingt auf die Anstrengung des Übens treffen, kann die erste Durststrecke uns zum Aufgeben zwingen. Wenn der Kopf nicht frei ist und wir ohne innere Überzeugung an die neue Aufgabe gehen, fehlt es an Entschiedenheit. Vorsätze müssen demnach realistisch sein und gelingen besser, wenn wir einen Trainingsplan haben. Vorsätze gewinnen dann an Kraft, wenn wir mit innerer Überzeugung und Stärke an unser Vorhaben gehen, mit anderen Worten, wenn wir mit Leidenschaft dran sind.

Natürlich ist es an dieser Stelle angebracht, dass Sie Vorhaben entwickeln, Ziele formulieren und nächste Schritte angehen. Tun Sie das beherzt nach den aufgeführten Spielregeln! An dieser Stelle will ich aber tiefer gehen und nochmals mit Tobit einen spirituellen Zugang zu den Veränderungen angehen, die für Sie anstehen.

Seinem großen Danklied fügt Tobit ein zweites Loblied an, einen Psalm über die kommende Zukunft. Er traut dabei der Kraft seiner inneren Bilder, weil diese in ihm Leidenschaft und Feuer erzeugen. Vor seinem Auge leuchtet das neue Jerusalem, der Reichtum Gottes auf seiner Erde auf, ein Ort, der zum Zeitpunkt des Gebetes verlassen ist und verarmt, je-

doch der Sehnsuchtsort seines Glaubens. Er wagt eine Selig-
preisung und spricht darin die wahre Würde aller aus, einer
Würde, die ihn auch trägt:

> Ein helles Licht wird leuchten bis an alle Enden der
> Erde. Viele Völker werden aus der Ferne zu dir kom-
> men und die Bewohner aller Enden der Erde zu dei-
> nem heiligen Namen. In ihren Händen werden sie ihre
> Gaben für den König des Himmels tragen. Geschlecht
> für Geschlecht wird in dir Jubel darbringen und der
> Name der erwählten Stadt wird bleiben für alle Ge-
> schlechter auf ewig.

> Selig, die dich lieben! Selig, die sich über deinen Frie-
> den freuen, und selig alle Menschen, die über dich be-
> trübt sind wegen all deiner Plagen! Denn sie werden
> sich in dir freuen und all deine Freude schauen auf
> ewig.

> Meine Seele, preise den Herrn, den großen König!

> Denn Jerusalem wird erbaut und sein Haus für die
> Stadt in Ewigkeit. Selig werde ich sein, wenn der Rest
> meines Geschlechts dann deine Herrlichkeit schaut,
> um den König des Himmels zu preisen. Jerusalems
> Tore werden aus Saphir und Gold erbaut und aus Edel-
> stein all deine Mauern. Jerusalems Türme werden aus
> Gold erbaut und aus reinem Gold ihre Zinnen.

Ich lade Sie ein, dass Sie sich mit Hilfe einer Lectio Divina diesen Schrifttext erschließen und sich zum Handeln anregen lassen. Und so funktioniert das:

1.) Lesen: Ich lese aufmerksam den Text und betrachte ihn. Die Schönheit der Bilder und die Kraft der Lobpreisung darf in mir Platz nehmen.

2.) Verweilen: Wofür preist meine Seele, meine Lebenskraft den Herrn? Wo ist mein Jerusalem, der Ort, an dem Ewiges erbaut wird trotz aller Plagen?

3.) Gebet: Ich bringe das, was mir offenbar geworden ist, im Gebet vor Gott.

4.) Tun: Ich entscheide mich für einen konkreten Schritt und bitte Gott, das, was mich bewegt, auch kraftvoll in die Tat umsetzen zu können.

In einem Nachtragskapitel, das von den Exegeten als später hinzugefügte Zusammenschau des Buches verstanden wird, setzt der sterbende Tobit seine Vision in konkretes Handeln um. Er gibt seinem Sohn den Auftrag: „Bleib nicht länger in Ninive!" (Tob 14,8f) Mich überrascht die Konkretheit des Auftrages nicht, denn Visionen entwickeln erst Kraft, wenn sie in die Tat umgesetzt werden. Ninive, das ist Osten, Ort der Vertreibung und mühseligen Lebens. Geh weg von dem Ort, der dein Leben bedroht, und wähle das Leben! ✧

Werte in meinem Leben

Schlimme Widerfahrnisse und Krisen werfen uns leicht aus der Spur. Dass wir im ersten Moment die Orientierung verlieren ist nicht ungewöhnlich. Diejenigen, die danach aber wieder aufstehen, die – wie die Fachleute sagen – posttraumatisch wachsen, finden nach dem ersten Schock ihre Orientierung wieder, in der sie ihre Werte neu justieren und Sinn finden in ihrem Tun. Sinn finden wir in dem, was wir tun. Werte sind die dazugehörenden inneren Haltungen: Fürsorge leben, gut arbeiten, Respekt zeigen, religiös sein, Solidarität, Ziele verfolgen, üben … Nehmen Sie sich die Zeit und kommen Sie ihren Werten auf die Spur.

Wählen Sie aus der Liste der vorgeschlagenen Werte in einem ersten Schritt zehn Werte aus, die Ihnen wichtig sind. In einer weiteren Runde aus diesen fünf und dann drei. Zur persönlichen Reflexion: Wie verwirklichen Sie diese Werte konkret? Was ist für Sie daran sinnvoll? Besprechen Sie sich mit einem Mensch Ihres Vertrauens!

Integrität	Treue	Gemeinschaft
Respekt	Mut	Status
Freiheit	Erfolg	Chancengerechtigkeit
Liebe	Verbindlichkeit	Würde
Zuneigung	Nachhaltigkeit	Hingabe
Vertrauen	Qualität	Toleranz
Offenheit	Glaubwürdigkeit	Wirksamkeit
Unabhängigkeit	Leistung	Teamgeist
Loyalität	Geschlechtergerechtigkeit	Konfliktfähigkeit
Selbstbestimmung	Privatleben	Flexibilität
Familie	Gelassenheit	Zugehörigkeit
Beziehungen	Selbstachtung	Transparenz
Weisheit	Gradlinigkeit	Leistungsbereitschaft
Spiritualität	Kreativität	Partizipation
Anerkennung	Persönliche Entwicklung	Ehre
Gerechtigkeit	Kollegialität	Würde
Solidarität	Achtsamkeit	Naturverbundenheit
Wahrheit	Akzeptanz	Barmherzigkeit
Wertschätzung	Gewinnmaximierung	Zeit
Authentizität	Intellektuelles Wachstum	Glauben
Verantwortung	Schönheit	Nutzen
Selbstentfaltung	Gleichberechtigung	Kompetenz
Unterstützung	Mitgefühl	Herzensbildung
Ehrlichkeit	Kontinuität	Sicherheit
Selbstsorge	Gastfreundschaft	Macht und Einfluss
Zivilcourage	Zielstrebigkeit	Humor
Bescheidenheit	Gesundheit	

∽

Sinnvoll leben

Tatjana Schnell, Sinnforscherin aus Innsbruck, betont, dass wir in mehreren Lebensbereichen Sinn finden können und diesen auch auf unterschiedliche Weise verwirklichen: erstens binden wir uns in einen umfassenden Lebenssinn ein und gehen so über uns hinaus. Rituale, religiöse Praxis in einer Gemeinschaft oder auch Innehalten können uns hierbei eine Hilfe sein. Wir übernehmen weiterhin Verantwortung und engagieren uns durch Naturverbundenheit, soziales Engagement oder Einsatz für die kommenden Generationen. Weiterhin verwirklichen wir uns selbst; wir konzentrieren uns auf unsere eigenen Stärken, arbeiten an unserer persönlichen Weiterentwicklung, freuen uns an unserer Leistung und nehmen Herausforderungen an. Wir finden viertens Sinn und ein gutes Leben, wenn wir sowohl auf unsere eigenen Bedürfnisse achten als auch Gemeinschaft mit anderen pflegen durch Bindung, Beziehung und Gemeinschaft; wir sorgen dann sowohl für uns selbst als auch für andere. Schließlich finden wir Sinn durch innere und äußere Ordnung, die sich in zentralen Werten, wertgeschätzten Traditionen oder einer alltagstauglichen Lebensform zeigt. Alle diese Sinnorientierungen drängen danach, gelebt zu werden.

Einen Sinn in meinem Leben zu haben wirkt sich positiv auf meine Belastbarkeit aus. Wenn sich selbst in einer Belastung ein Sinn auftut, kann ich diese besser bewältigen. Ich nehme dann mein Schicksal in die Hände. Ich entdecke eine Zukunft, die über mein Leben hinausgeht.

Manchmal besuche ich mit den Teilnehmenden meiner Kurse einen Friedhof. Anfangs irritiert dieser Besuch, aber der Ort ist ein friedvoller, Ewigkeit vorwegnehmender Lebensort. An einem zentralen Punkt hängt ein Kreuz und daneben die Aufschrift: „Ich bin die Wahrheit und das Leben." Nachdem wir uns einige Minuten Zeit genommen haben, um nachzuspüren, was ich am Ende meines Lebens wirklich erreicht haben möchte, bitte ich die Teilnehmenden, eine Rede des besten Freundes an ihrem offenen Grab zu schreiben. Wie sähe Ihre aus?

 Ich schreibe diese Rede auf. ✍

Dankbar sein

Als Seelsorger spreche ich mit Karla, die an Krebs erkrankt ist. Von einem Tag auf den anderen war ihr Leben auf den Kopf gestellt: keine Arbeit, weg von zu Hause, wenig Kontakt zu vertrauten Menschen, fremd in der Klinik. Und dann erzählt sie mir, wie sie nach dem Schock aufmerksam für die kleinen Dinge ihres Lebens geworden ist. Ein kurzes Gespräch, ein Buch oder eine Blume berühren sie viel tiefer.

Ich bewundere Menschen, die so ihr Leben als Geschenk annehmen können, die durch die Krise ihre Sinne geschärft haben für das, was zählt. Innere Werte werden ihnen wichtig, materielle Dinge nachrangig. Der Augenblick und der geschenkte Tag zählen. Wärme und Nähe in Beziehungen gewinnen an Bedeutung. Ihr Herz wird weiter – für den glaubenden Menschen ist das eine Gnade.

Dankbarkeit – mein Leben als Geschenk annehmen zu können – ist Gnade. Dankbare Menschen wissen, was an ihrem Leben wertvoll ist, weil sie das Schöne und das Gute in ihrem Leben würdigen können. Sie erfahren inneren Frieden. Vergiftende Gefühle wie Neid, Ehrgeiz oder Unruhe treten bei ihnen zurück. Sie entdecken Freude in ihrem Leben und sichern sich Herzensglück. Wir können diese Haltung der Dankbarkeit schulen.

Notieren Sie sich eine Woche lang jeden Abend drei Dinge, die an diesem Tag gut waren, Dinge, die gut gelaufen sind, die Sie genossen haben und für die Sie dankbar sind.

Schreiben Sie sich auf, was Sie dazu beigetragen haben, dass diese Dinge gut werden konnten.

Durch diese Übung, die wir natürlich wiederholen und auch regelmäßig praktizieren können, lernen wir es, den Blick auf die guten und positiven Seiten des Lebens zu richten. Wir erleben das Gelungene nochmals – im Wohlwollen für unser Leben. ✍

Das Versprechen

Übe ich mich in Resilienz, dann werde ich stärker und wachse. Ich werde meinen Blick weiten und Kraftquellen entdecken, Kraftquellen in meiner inneren und äußeren Welt, die mir helfen, dass mein ganzes Leben gelingen kann. Auch in Zukunft werde ich Widerfahrnissen standhalten müssen. Dazu hilft mir das geduldige Üben. Ich kann nach dem Rückschlag neu aufstehen. Denn das zeichnet das Leben eines resilienten Menschen aus, dass er die Chance nutzt.

Im Licht der Gnade werde ich entdecken, dass wir dazu geboren sind, Gottes Gegenwart zu suchen und in unserem Leben sein Gut-Sein aufscheinen zu lassen. Denn das ist Resilienz: dass mir Gotteszuversicht geschenkt und mein Vertrauen gestärkt wird – in mich und in andere, in das Leben.

Lesehinweise

Psychologisches Grundwissen

Einen guten Überblick zum Thema Resilienz geben: Monika Gruhl: Resilienz. Die Strategie der Stehauf-Menschen. Krisen meistern mit innerer Widerstandskraft, Freiburg 2014, sowie Jutta Heller, Resilienz. 7 Schlüssel für mehr innere Stärke, München [7]2018, und wissenschaftlich: Klaus Fröhlich-Gildhoff / Maike Rönnau-Böse: Resilienz, München [3]2014.

Für die Integration von psychologischem und spirituellem Wissen empfehle ich: Julius Kuhl: Spirituelle Intelligenz. Glaube zwischen Ich und Selbst, Freiburg [2]2015. Friedemann Schulz von Thun's Kommunikationspsychologie ist in den drei Bänden „Miteinander Reden" (Hamburg 1981ff) verständlich erschlossen. Martin Seligman: Flourish. Wie Menschen aufblühen. Die positive Psychologie gelingenden Lebens, München 2012 erschließt uns die Positive Psychologie.

Biblisch-theologische und spirituelle Überlegungen

Das Buch Tobit liegt uns in zwei Textfassungen vor, einer kürzeren G[I] und einer längeren G[II], die die neuere Forschung als die ursprünglichere annimmt und die in die revidierte Fassung der Einheitsübersetzung Eingang fand. In der Regel gehe ich von G[II] aus.

Das Themenheft Nr. 215 „Tobit – Mit einem Engel unterwegs" von Bibel heute (3/2018) gibt einen guten Überblick über das Buch und seine Themen. Exegetisch fundiert ist der

Kommentar von Helen Schüngel-Straumann, Tobit, Freiburg 2000 (HThKAT). Einen gut lesbaren, exegetisch-spirituellen Überblick gibt Paul Deselears: „Das Buch Tobit" (Düsseldorf 1990). Eugen Drewermann hat mit seinem Büchlein „Der gefahrvolle Weg der Erlösung. Die Tobitlegende tiefenpsychologisch gedeutet" (Freiburg 1985) Tobit psychologisch-erzählend erschlossen.

Zum spirituellen Umgang mit den Psalmen empfehle ich: Ruppert, Fidelis: Gelassen im Trubel des Lebens. Mit Psalmen Kraft im Alltag finden, Münsterschwarzach 2016.

Lebenspraktische Hilfen

Aus der Fülle der Literatur empfehle ich: Fabienne Berg: Übungsbuch Resilienz. 50 praktische Übungen, die der Seele helfen, vom Trauma zu heilen, Paderborn 2014, und Andreas Rieck: Nimm's leicht. In 3 Schritten zu mehr Gelassenheit, Stuttgart 2018.

Der Autor

Dr. Peter Abel ist Autor und Diakon. Er ist als Seelsorger im Bistum Hildesheim tätig, hat reiche Erfahrungen in der Beratungsarbeit, in Aus- und Fortbildung pastoraler Berufe, Kurs- und Exerzitien- arbeit. Viele Jahre arbeitete er in verschiedenen kirchlichen Führungs- positionen.

Love it – change it – or leave i

Andreas Rieck

Nimm's lei

In 3 Schritten z
Gelassenheit

14,8 x 21 cm; 176 Seiten; kar
ISBN 978-3-96157-021-8

Nimm's leicht! Eigentlich ganz einfach. Wären da nur
die vielen kleinen und größeren Ärgernisse und Stör
die uns das Leben schwer machen können. Der Trost: Fü
Herausforderung, die uns im Leben begegnet, gibt das
einen Spielraum. So kann all das, was stört, als Einladu
standen werden den eigenen inneren und äußeren Spie
zu erweitern. Je mehr dies gelingt, desto leichter wird
die Lebensfreude wächst. Das Buch präsentiert eine ei
und wirkungsvolle Methode, die anhand vieler Praxisbe
aus Seminaren kurzweilig und anschaulich erläutert wii

camıno.

im Verlag Katholisches Bibelwerk
Silberburgstraße 121 • 70176 Stuttgart
Tel. 07 11 / 6 19 20 –37 • Fax –30
impuls@bibelwerk.de • www.bibelwerk.shop